MASSÉNA

(1758.-1817)

MASSÉNA (1758-1817)

COLLECTION PICARD

BIBLIOTHÈQUE D'ÉDUCATION NATIONALE

LES GRANDS FRANÇAIS

MASSÉNA

PAR

PAUL BONDOIS

ANCIEN ÉLÈVE DE L'ÉCOLE DES HAUTES ÉTUDES
AGRÉGÉ D'HISTOIRE, PROFESSEUR AU LYCÉE DE VERSAILLES

ORNÉ DE SEPT GRAVURES ET DEUX CARTES

*Rendons justice à tous
les autres pays ; honorons
leur génie, mais gardons
le nôtre.*

VICTOR COUSIN.

PARIS

LIBRAIRIE PICARD-BERNHEIM ET Cⁱᵉ
ALCIDE PICARD ET KAAN, ÉDITEURS
11, rue Soufflot, 11

Propriété réservée.

Tout exemplaire non revêtu de la signature des éditeurs sera
réputé contrefait.

MASSÉNA

(1758-1817)

I

LES GRANDS GÉNÉRAUX DE LA RÉVOLUTION

ASSÉNA appartient à la catégorie de
ces hommes de guerre, nés avant la
Révolution, dans les classes infé-
rieures, et auxquels leur humble origine in-
terdisait alors les hauts grades militaires. Il
fut peut-être le plus grand des généraux d'un

génie inspiré et d'un courage indomptable, qui imposèrent la première République française à l'Europe monarchique. Comme presque tous ses frères d'armes, il fit un rapide chemin au service·de la patrie; il fut enflammé, comme eux, de cet enthousiasme irrésistible qui, en trois ans (1792-1795), secoua l'invasion étrangère et porta jusqu'au Rhin les frontières de la France. Il fut aussi, comme beaucoup de ces glorieux soldats, atteint par l'influence corruptrice de Napoléon. Au moins, essaya-t-il de résister; et même, lorsqu'il eut attaché sa fortune à celle de l'homme qui avait renversé la République, il protesta à plusieurs reprises contre les usurpations napoléoniennes.

II

MASSÉNA AVANT LA RÉVOLUTION

L'homme qui a contribué le plus, avec
Bonaparte, à lier pendant dix-huit ans le sort
de l'Italie du Nord à celui de la France, qui,
en 1799, sauva notre patrie de l'invasion et,
en 1809, l'armée française de la destruction
sur les bords du Danube, n'était pas né Français. Mais sa ville natale, Nice, alors ita-
lienne, est devenue aujourd'hui le chef-lieu
d'un de nos beaux départements. Dès cette
époque, elle avait des relations constantes
d'intérêt, d'amitié et de parenté avec les villes
voisines de la province française de Provence.

André Masséna était le troisième fils de
Jules Masséna et d'une Française de Toulon,

Marguerite Fabre; il naquit le 6 mai 1758, au petit village de Levens, près de Nice. Dans sa famille paternelle, on était petit propriétaire, marin, ou soldat au service de la France. De ses deux oncles, l'un, Augustin Masséna, fut capitaine au long cours et, plus tard, cultivateur; l'autre, Marcel, servit dans le Royal-Italien, régiment étranger, recruté surtout en Italie, pour le compte du roi Louis XV; et y obtint le grade de sous-lieutenant. Masséna était encore tout enfant quand son père mourut. Sa mère s'étant remariée, il fut d'abord élevé par sa grand'mère, puis par son oncle Augustin.

C'était un enfant vagabond, ayant besoin de mouvement, rebelle à la vie tranquille qu'on menait à Levens. Doué d'une activité physique, dont il abusa pendant toute sa carrière, il s'échappa bientôt de la maison de son oncle pour courir les aventures. Il s'embarqua sur un vaisseau marchand de la Méditerranée et fit deux voyages maritimes dont l'un l'entraîna jusqu'à Cayenne, dans l'Amérique du Sud. Masséna était alors un jeune homme, il avait dix-sept ans; mais son ardeur et son énergie trouvaient peu de satisfaction dans des voyages de commerce entrepris avec des matelots grossiers. Il n'y avait là pour lui aucune chance d'avenir; il fit appel à la protection de son oncle Marcel, et, le 18 août 1775, il entra au régiment de Royal-Italien comme simple soldat.

Il avait enfin trouvé sa voie. Il était de ces esprits turbulents et indomptables en apparence, qui, à l'armée, se plient immédiatement aux exigences salutaires de la discipline. Il s'était soustrait à l'autorité de la famille, il n'avait pu supporter la subordination brutale du bord; il devint pourtant le modèle du troupier, et se soumit volontiers aux exigences d'une règle inflexible, mais indispensable pour assurer la solidité du régiment, l'ensemble des manœuvres, l'obéissance aux chefs responsables, la réussite des plans longuement médités par eux. De 1775 à 1789, la vie militaire de Masséna fut exemplaire. En parcourant les Alpes et la mer, il avait eu naturellement peu de

temps pour apprendre. Lorsqu'il arriva au
régiment, le futur prince d'Essling ne savait
peut-être pas encore bien écrire et bien lire.
Pour un esprit vulgaire, la chose aurait eu
peu d'importance. On demandait alors, au
soldat qui n'était pas noble, d'être brave et
discipliné, rien de plus. Son avancement était
nul : caporal, sergent, au plus petit officier,
tel était l'avenir qu'on lui réservait. A quoi
bon s'instruire, pour d'aussi piètres desti-
nées? Mais, de même que Hoche, Masséna
eut l'intuition de l'avenir, et il se hâta d'ac-
quérir quelque instruction. Le jeune soldat
de Royal-Italien apprit suffisamment, quoique très péniblement, les règles de la langue
française; plus tard, dans ses proclamations
et dans ses rapports, il sut assez bien s'en
servir. Ce fut surtout aux détails de sa profession qu'il s'appliqua; indifférent au bien-
être, habitué aux exercices du corps, aux
longues marches dans les montagnes, il acquit bientôt dans l'exécution des manœuvres
une supériorité marquée sur tous ses cama-
rades. A dix-huit ans (1776), il était caporal.

Masséna aimait à raconter, plus tard, lorsque ses victoires et ses services l'eurent élevé à la brillante situation qu'il occupa, que ce premier grade avait été la grande joie de sa vie. Il se sentait né pour le commandement, et cet avancement satisfaisait l'instinct qui l'emportait vers la carrière militaire. Il fut bientôt l'instructeur le plus renommé des régiments français en garnison dans le Midi. Trop souvent les officiers étaient alors des gens de cour absolument étrangers aux détails du service; ils laissaient aux sergents et aux lieutenants le soin d'exercer les soldats. Aussi les hommes de la valeur de Masséna acquéraient promptement' une expérience qui en faisait les véritables chefs du régiment; et, tandis que les soldats riaient tout bas des prétentions et de l'ignorance de leurs officiers, ils apprenaient à reconnaître l'autorité de leurs instructeurs, et ils plaçaient leur confiance dans ceux qui la demandaient, non pas au hasard de la naissance, mais à la connaissance de leur profession. Masséna se rendit donc maître dès ce temps de la science

difficile du commandement, et ne négligeant
aucune des obligations de sa situation, il
devint un bon comptable militaire. Successivement sergent, fourrier, adjudant, il pas-
sait pour être capable de diriger les manœuvres les plus délicates, et pour connaître à
fond l'administration d'un bataillon. Le colonel de Royal-Italien proclamait hautement
sa supériorité sur les officiers nobles : « Votre
« ignorance sur les manœuvres, leur disait-il,
« est honteuse; vos inférieurs, Masséna, par
« exemple, feraient manœuvrer le bataillon
« mieux que pas un de vous. » C'était un
éloge magnifique, mais dangereux, et qui
arrêta net l'avancement de l'adjudant. Masséna désirait rester à l'armée, mais par son
instruction générale et par ses connaissances
pratiques, il prétendait devenir sous-lieutenant, et finir sa carrière avec le grade de
lieutenant. Une ordonnance de 1785 inter-
disait en effet le grade de capitaine, ouvert
jusqu'alors aux roturiers, à quiconque n'était
pas noble de vieille souche. Il attendit quatorze ans cet avancement, la jalousie des

officiers, irrités de sa supériorité, l'empêcha
d'y arriver. Il se lassa et prit son congé le
19 août 1789; il avait trente et un ans. C'était
après la prise de la Bastille, alors que les
emplois civils et militaires étaient ouverts à
tous. Masséna renonçait à son avenir, au
moment où les obstacles, qui l'entravaient,
semblaient avoir disparu; mais on était tellement accoutumé aux inégalités des conditions, qu'on n'espérait pas les voir s'effacer
dans les mœurs, même lorsqu'elles n'étaient
plus inscrites dans les lois. Ceux qui avaient
appelé la Révolution de tous leurs vœux,
n'osaient croire encore à son efficacité. Masséna quitta donc l'armée et se retira à Antibes, dans le département du Var. Il s'y établit. Il emportait avec lui une connaissance
très avancée des choses militaires, et l'on
peut expliquer l'assurance et le sang-froid
qu'il montra dans la suite de sa carrière de
soldat, par les expériences de sa jeunesse au
Royal-Italien. En lisant la vie des plus grands
hommes de guerre de la République, même
de ceux dont le génie militaire parut le plus

improvisé et le plus prématuré, on se convaincra que, presque tous ceux qui furent supérieurs, avaient étudié l'art de la guerre. Lorsqu'on est appelé à diriger les autres hommes, jamais les qualités naturelles ne suppléent entièrement au savoir.

III

MASSÉNA A L'ARMÉE DES ALPES

A Antibes, Masséna paraissait avoir re-
noncé aux armes, pour devenir un paisible
bourgeois; il y épousa la fille d'un chirur-
gien, Mlle Lamarre. Mais il n'était pas fait
pour une vie tranquille et ignorée; il n'était
pas capable de s'enrichir par le commerce;
ses affaires allaient donc mal, et il était sans
cesse tourmenté par la nostalgie du régiment. Il songea à reprendre du service sous
une autre forme, et demanda à entrer dans
la maréchaussée; nous dirions aujourd'hui
la gendarmerie. Ce n'était pas, comme de
notre temps, un corps d'élite, et, se fondant
sur ses services passés, Masséna crut pouvoir
y solliciter une lieutenance (1790); on la lui

refusa, heureusement, car les circonstances le servirent mieux. C’était la seconde année de l’Assemblée constituante, qui, réunie d’abord sous le nom d’*États généraux*, s’était donné pour mission de transformer la France; elle avait aboli les titres de noblesse, les privilèges de caste; elle avait créé, pour assurer l’ordre dans ces temps troublés, une garde nationale, composée de tous les *citoyens actifs*. On appelait ainsi ceux qui avaient le droit de voter. Au début de la Révolution, on n’avait accordé le droit de vote, qu’aux Français payant, en impôts, la valeur de trois journées de travail, valeur qui variait selon les départements, et il fallait avoir vingt-cinq ans. La garde nationale élisait ses chefs. Celle d’Antibes donna à Masséna, en qualité d’ancien soldat, le grade d’adjudant-major. Cette milice de citoyens était destinée non seulement à maintenir l’ordre, mais encore à sauvegarder la nouvelle Constitution de la France contre les tentatives de réaction des partisans de la monarchie absolue. Masséna avait trop souffert dans sa carrière des préjugés d'autrefois, pour ne pas faire partie de ceux qui étaient prêts à tout sacrifier afin d'assurer les principes de la Révolution. Il fut donc ce qu'on appelait un patriote. Pendant trois ans (1789-1792), on fut patriote en assistant aux réunions publiques appelées clubs. Là, les plus habiles ou les plus violents parlaient en faveur des idées nouvelles. Trop souvent l'éloquence des clubistes se composait de déclamations vides de sens, ou d'odieuses dénonciations; mais il vint un jour où il fallut être patriote d'une autre façon. La Constitution de 1791 avait établi à côté du roi Louis XVI, chef du pouvoir exécutif, une Assemblée législative pour voter l'impôt et faire les lois.

Les vieilles monarchies de l'Europe dont les rois, sauf en Angleterre, prétendaient ne pas abandonner la moindre partie de leur pouvoir à des assemblées élues, se sentirent menacées par les idées nouvelles. Elles profitèrent de la répugnance que Louis XVI montrait pour la Constitution à laquelle pourtant il avait juré fidélité, et se préparèrent à la détruire, les armes à la main. La France déclara (avril 1792) la guerre à la Prusse et à l'Autriche, qui menaçaient d'intervenir pour rétablir l'ancien ordre des choses. Les Prussiens, dans le premier moment de confusion, inséparable de toute révolution, purent pénétrer jusqu'en Champagne. Leur invasion, qui fut bientôt repoussée, n'eut d'autre résultat que de causer la chute définitive de la monarchie en France (10 août 1792).

Louis XVI fut emprisonné au Temple, jugé par une nouvelle Assemblée, appelée Convention. Condamné à mort, il monta sur l'échafaud le 21 janvier 1793. Le principal chef d'accusation était fondé sur ses relations avec l'étranger, qui équivalaient à une trahison envers la France. La mort du roi vint augmenter le péril national; aux Autrichiens et aux Prussiens, s'ajoutèrent les Hollandais et les Anglais, puis l'Espagne, le Portugal, le royaume des Deux-Siciles, le Piémont. La France fut menacée sur toutes ses frontières. Depuis 1792, la Patrie avait été déclarée en

danger; en 1793, une levée de trois cent
mille hommes fut décrétée, et la République
fit appel aux *Volontaires*, pris dans les rangs
de la garde nationale, pour marcher à l'ennemi.

Masséna s'offrit naturellement, et fut
nommé lieutenant-colonel du deuxième bataillon des volontaires du Var. Le général
Anselme était alors chargé d'occuper le
comté de Nice, afin de couvrir la France du
côté de l'Italie. Les Niçois, déjà à demi Français, et assez mal disposés pour le roi de
Piémont, paraissaient devoir accueillir favo-
rablement l'armée française. Masséna, à cause
de la connaissance toute spéciale qu'il avait
du pays, et pour épargner à ses compatriotes
les premières difficultés d'une occupation,
fut placé sans cesse aux avant-postes; ce fut
du reste, depuis, la place qu'il préféra toujours; il entra à Nice pour la première fois
depuis quinze ans qu'il avait quitté sa patrie,
et se fit même envoyer à Levens, son village
natal; il fut assez heureux pour y apaiser
une insurrection des montagnards des Alpes,

qui voulaient s'opposer aux réquisitions militaires.

La guerre n'était pas encore déclarée offi-

Pendant huit heures, avec son seul bataillon, Masséna arrêta les Piémontais et permit à l'armée française d'accourir et de repousser l'ennemi.

ciellement au Piémont. L'armée du général
Anselme resta d'abord sur la défensive; mais
au mois de mars 1793, lorsque la coalition

dont nous avons parlé plus haut eut été définitivement formée, le général piémontais, marquis de Saint-André, essaya de réoccuper le comté de Nice, devenu le département des Alpes-Maritimes. Pour la première fois, en cette occasion, Masséna donna la mesure de ses qualités militaires, et la preuve de cette ténacité qui fut un des côtés saillants de son caractère. Pendant huit heures, avec son seul bataillon, il arrêta les Piémontais, et permit à l'armée française d'accourir et de repousser l'ennemi. L'attention de ses chefs se fixa désormais sur lui; ses talents, ses connaissances techniques, alors qu'on manquait d'officiers instruits, acquéraient un prix inestimable; le soldat l'aimait et respectait son autorité. On lui confia le soin d'organiser les camps fortifiés, destinés à défendre les passages des Alpes.

Lorsque l'armée française pénétra en Italie et prit l'offensive, il fut nommé colonel au régiment de la Sarre, ce qui l'envoyait dans le bassin du Rhin. Mais son général en chef, Biron, avait trop besoin, dans cette guerre de montagnes, de ses connaissances et de ses aptitudes spéciales pour le laisser partir. Il resta à l'armée d'Italie pour ne plus la quitter, jusqu'en 1797; quelques semaines plus tard il était nommé général de brigade (22 août 1793), avancement rapide, mais dont les exemples n'étaient pas rares dans ce temps d'innovations hardies. Ils étaient d'ailleurs justifiés par les victoires de ces chefs extraordinaires, dont les plus brillants, *Masséna surtout, seraient restés ignorés, sans la Révolution.

L'armée d'Italie fut longtemps condamnée à l'inaction par l'incapacité de ses commandants en chef, par l'infériorité de son effectif, par les difficultés des lieux. Masséna dut se contenter de hardis coups de main qui augmentaient chaque jour sa réputation. Entre temps, et pour donner un aliment à son activité, il assista en volontaire au siège de Toulon (décembre 1793); c'était là que Bonaparte commença sa réputation d'officier d'artillerie. Masséna fut nommé, à cette époque, général de division; il eut quelque temps Nice comme quartier général. C’était là que l’élite des chefs militaires de l’armée d’Italie, et des républicains du midi de la France, se pressait autour du commissaire de la Convention, Robespierre le jeune, frère du célèbre Maximilien Robespierre, membre du terrible *Comité de salut public,* formé pour activer la défense nationale et poursuivre à l’intérieur les ennemis de la République.

Par ses talents oratoires, ses idées arrêtées et son énergie, Robespierre fut véritablement dictateur en France pendant les derniers mois de l’année 1793 et le commencement de l’année 1794; mais son inflexibilité et les exigences de son esprit dominateur réunirent contre lui tous les partis et, le 27 juillet 1794, ou, selon le *Calendrier révolutionnaire,* le 9 thermidor an II, il fut renversé et envoyé à l’échafaud, où il avait lui-même si facilement envoyé tous ses ennemis, royalistes ou républicains. Le frère de Robespierre avait quelque chose de son énergie, de son fanatisme et surtout de son patriotisme.

Les commissaires de la Convention avaient, parmi toutes leurs attributions, celle d'exciter et de surveiller les chefs militaires. Robespierre le jeune, au mois d'avril 1794, ordonna au général Dumerbion, commandant de l'armée d'Italie, de tourner les Piémontais, en suivant le golfe de Gênes, pour remonter sur Turin. Masséna dirigea l'aile droite dans cette expédition. Il fut chargé de l'opération principale qui consistait à enlever les crêtes des montagnes qui dominent le golfe de Gênes; en onze jours (du 6 au 17 avril 1794), il parcourut toute la partie des Alpes liguriennes qui s'étend de la frontière française à la ville d'Oneille, dont il s'empara. Il tourna ainsi la position de Saorgio, qui défendait le col de Tende, chemin direct de Nice à Turin, et il entra en Piémont. Cette marche victorieuse mit Masséna hors de pair; on était alors dans cette période d'enthousiasme militaire qu'expriment si bien les hymnes patriotiques de la *Marseillaise* et du *Chant du départ,* et qui éclatait dans les discours pleins d'emphase, comme dans les proclamations des généraux. On en trouve la trace jusque dans le rapport de Masséna sur l'affaire d'Oneille :

« Vive la République! Je n'ai que des suc-
« cès à vous annoncer! Oneglia et toute la
« riche vallée, qui composait la ci-devant
« principauté de ce nom, est occupée par les
« troupes de la République, et le drapeau
« tricolore y flotte. Nos soldats sont de vrais
« montagnards; rien ne les arrête, rien ne
« les enchaîne que l'amour sacré de la li-
« berté. Ils ne savent que vaincre et jamais
« se plaindre; marchant nu-pieds, souvent
« même sans subsistances, ils n'accusent
« personne... Vive la République! voilà les
« sentiments et le cri des braves frères
« d'armes que je commande. Nous avons
« pris l'artillerie ennemie; qui peut résister à
« la France libre? »

Après la victoire d'Oneille, malgré les importants services qu'il venait de rendre, Masséna était encore destiné à commander longtemps en sous-ordre; il fut successivement divisionnaire sous Dumerbion et Scherer. Ce dernier, brave et méthodique, mais sans génie et sans élan, se confia entièrement au plus expérimenté de ses lieutenants et Masséna fut encore chargé de recommencer la marche en avant le long du golfe de Gênes. Il remporta une nouvelle victoire à Loano, en décembre 1795 ; et là, selon sa coutume, il culbuta l'ennemi au pas de course, et avec cette impétuosité incomparable qu'il apporta toujours dans tous ses mouvements offensifs.

Malheureusement, arrêté par sa timidité, Scherer n'osa pas avancer, et perdit ainsi tout le fruit de ce beau succès. L'armée d'Italie n'arriva donc pas encore en face du col de Montenotte, qui commandait la route de Gênes à Turin, capitale du Piémont. Mais si la France n'avait pas fait tous les efforts nécessaires pour pénétrer au cœur de l'Italie, c'est qu'elle était occupée sur le Rhin par la Prusse et l'Autriche, aux Pyrénées par l'Espagne. La Prusse et l'Espagne ayant abandonné la coalition aux traités de Bâle (1795), le nouveau gouvernement de la France, connu dans

l'histoire sous le nom de Directoire, parce
que le pouvoir exécutif était représenté par
cinq magistrats suprêmes appelés *Directeurs,*
résolut d'attaquer sérieusement en Italie les
Piémontais et les Autrichiens (ces derniers
possédaient alors les deux provinces ita-
liennes de Lombardie et de Vénétie). Ce ne
fut pas Masséna, ce fut le général Bonaparte
qui obtint de diriger cette campagne.

IV

MASSÉNA PENDANT LA CAMPAGNE D'ITALIE
(1796-1797)

Le vainqueur d'Oneille, qui n'avait jamais quitté l'armée d'Italie, qui, par ses talents et ses services aurait pu aspirer au commandement en chef, accueillit froidement, comme les autres généraux qui se trouvaient là, ce jeune homme de vingt-sept ans, dont les succès jusqu'alors ne justifiaient pas l'avancement, et qui n'était connu dans l'armée que par son savoir spécial en artillerie, son esprit d'insubordination, et le rôle politique qu'il venait de jouer au 13 vendémiaire (4 octobre 1795), en écrasant une insurrection royaliste, qui avait menacé l'existence de la Révolution.

Masséna comprit qu'il allait servir de marchepied à l'ambition d'un autre. Il savait qu'il avait été présenté par les amis de Bonaparte comme un général jacobin, c'est-à-dire d'opinions exagérées, qu'on l'avait accusé, non sans raison peut-être, d'être assez indifférent au bien-être de l'armée, et qu'on avait réussi de cette façon à l'écarter du commandement en chef qu'il croyait avoir mérité. Il garda cette conviction pendant toute sa vie et ne fut jamais partisan enthousiaste de celui qui devait être Napoléon Ier; mais il avait trop d'esprit militaire pour ne pas reconnaître les talents du nouveau venu. Dès la première entrevue, il s'empressa d'approuver les plans de Bonaparte. D'autre part, le général en chef comprit tout le parti qu'il pouvait tirer d'un homme comme Masséna. Il était, il est vrai, trop égoïste pour mettre en leur vrai jour tous les services qu'il reçut de son principal lieutenant. Il le nomma le moins possible dans ses bulletins de victoire; mais il sut flatter son ardeur guerrière et lui donner les postes qui convenaient le mieux à sa nature impétueuse; il lui témoigna même une certaine confiance: il le consulta sur le projet qu'il avait formé de se jeter d'abord sur les Autrichiens qui venaient au secours des Piémontais. Masséna lui fit au contraire adopter l'avis de se débarrasser d'abord du Piémont, et c'est alors que commencèrent ces opérations du milieu d'avril 1796, connues sous le nom de bataille de Montenotte; elles avaient pour but d'empêcher les Autrichiens. de se joindre aux Piémontais. Masséna fut lancé en avant : à Montenotte, arrivé silencieusement par les sentiers, il tomba sur les Autrichiens (12 avril); le 14, à Dégo, il achevait de les désorganiser et de les séparer de leurs alliés, par une charge à la baïonnette, leur faisant mille prisonniers. Plein d'une intrépidité calme et froide, au milieu des balles, pour servir de ralliement à ses soldats, le drapeau ayant été brisé, il avait mis son chapeau au bout de son épée, enlevant ses troupes à sa suite, sans se soucier de servir de point de mire aux tireurs ennemis. Aussi Bonaparte, tout en cachant la part décisive

de son lieutenant dans ces glorieuses journées, envoyait au Directoire cette note, qui
jugeait l'homme en trois mots : « Masséna,
« actif, infatigable, a de l'audace, du coup
« d'œil, de la promptitude à se décider » ;
éloge bien mérité, quand on songe que le
jour de la bataille de Dégo, Masséna s'était
levé du lit, où le retenait la maladie, pour se
précipiter sur l'ennemi.

Il avait alors dans sa division cette fameuse 32e demi-brigade (régiment) dont les
marches foudroyantes sont restées célèbres,
et qui fut présente à toutes les grandes affaires
qui eurent lieu de 1795 à 1815. Avec elle, il
assista à la bataille de Mondovi, après laquelle
les Piémontais se retirèrent de la lutte, ce
qui permit à Bonaparte de s'attacher à la
poursuite des Autrichiens. Masséna était à
l'avant-garde ; le 9 mai 1796, sa colonne avait
fait une traite de dix lieues ; le lendemain, il
atteignait l'ennemi au passage de la rivière
l'Adda, à Lodi. Il se précipita sur le pont de
cette ville, pour culbuter l'arrière-garde du
général autrichien Beaulieu, et, pendant

qu'une partie de ses hommes passa la rivière
à gué, il parcourut avec ses grenadiers toute
la longueur du pont; cette opération bril-

Masséna se précipita sur le pont de Lodi, pour culbuter l'arrière-garde du général autrichien Beaulieu.

lante chassait les Autrichiens de l'ouest du
Milanais.

Bonaparte, qui voulait frapper l'imagina-
tion en France, s'est fait représenter, dans
des gravures populaires, emportant lui-même
le pont de Lodi, avec son chef d'état-major,
Berthier. Ce n'était pas l'affaire du général

en chef, et il eut raison de ne pas s'exposer dans un combat d'avant-garde; mais l'histoire doit rendre à Masséna l'exécution de ce beau fait d'armes qui lui appartient. Après Lodi, l'armée française put entrer tranquillement à Milan. Ce fut Masséna qui fut désigné pour y pénétrer le premier. Il avait bien gagné cet honneur par les services qu'il avait rendus à Bonaparte, depuis le début de la campagne. Il devait lui être encore bien plus utile dans la suite.

Le général Beaulieu avait été remplacé par un homme habile et actif, Wurmser. Bonaparte, qui s'était avancé jusqu'à la rivière du Mincio, trouva une résistance plus sérieuse. Si foudroyante qu'ait été la campagne d'Italie, il y eut cependant des temps d'arrêt, et presque de défaite. Dans les trois premiers jours du mois d'août 1796, l'armée française fut obligée de faire un mouvement de recul, Bonaparte songea un instant à repasser l'Adda. Deux de ses lieutenants, surtout, le soutinrent par leur fermeté et par leur courage : l'un était Augereau, l'autre Masséna.

Pendant qu'Augereau gagnait sur Wurmser la bataille de Castiglione (4 août 1796), Masséna avait culbuté le lieutenant du général autrichien à Lonato, et ce fut encore lui qui reçut la mission de se mettre quelques jours après à la poursuite de Wurmser.

Les Autrichiens paraissaient remonter rapidement vers le Tyrol, l'une de leurs provinces, et par conséquent faire une retraite définitive. Tout à coup, ils se dérobèrent en Vénétie par un détour, et coururent vers le sud pour dégager Mantoue. C'était la dernière ville que l'Autriche possédât en Lombardie, et les Français l'assiégeaient depuis le mois de juin 1796. Sur l'ordre de Bonaparte, Masséna s'engagea sur les traces de Wurmser ; le 3 septembre il le battit à Rovérèdo, puis, s'attachant à lui lorsqu'il eut appris qu'il se dirigeait vers le sud, il l'atteignit le 8 septembre, avec Augereau, à Bassano. Culbuté, Wurmser pressa la course de sa cavalerie ; alors, l'infanterie de Masséna, qui venait de faire cinquante lieues en cinq jours, marcha quatre jours et quatre nuits à la poursuite des cavaliers autrichiens. Ils auraient été atteints, si un guide n'avait égaré les Français, et si tous les postes avaient été gardés avec une égale vigilance. Tout ce que put faire Wurmser, hors d'haleine, ce fut de se jeter dans Mantoue. Il en ressortit aussitôt et fit une furieuse tentative pour débloquer la ville; mais il trouva encore une fois devant lui Masséna, qui forma aussitôt en carré la 32e demi-brigade et, au combat de Saint-Georges, soutint sans broncher l'effort de toute la cavalerie autrichienne. Wurmser dut se renfermer dans Mantoue. C'était encore Masséna qui avait le plus efficacement servi Bonaparte dans la désorganisation de cette seconde armée autrichienne. Cette fois, le général en chef ne lui rendit pas justice. C'était un principe, chez le futur empereur, de faire seulement la fortune des hommes incapables d'y faire honneur. Masséna réclama énergiquement contre le silence que Bonaparte prétendait faire autour de son nom et, pour la première fois, il revendiqua hautement la part qui lui était due.

Bonaparte lui sut mauvais gré de sa protestation et le plaça à Vérone, le poste le plus dangereux de tous ceux qu'occupait alors l'armée d'Italie. Il fit plus, il adopta désormais contre son lieutenant un système de dénigrement, qui ne finit qu'avec sa vie, et dont on retrouve l'expression jusque dans les notes qu'il dicta dans sa prison, à Sainte-Hélène. Déjà il s'efforçait de représenter Masséna comme ayant simplement l'instinct de la guerre, sans les connaissances indispensables à un grand général. Nous avons vu, au contraire, qu'il était l'un des rares officiers de la République qui avaient appris leur métier avant la Révolution. La suite de son histoire suffira pour démentir les insinuations perfides de Bonaparte. La position de Vérone était des plus périlleuses. Le nouveau général autrichien, Alvinzi, avait occupé en face de cette ville les hauteurs inaccessibles de Caldiero. Masséna essaya vainement d'en gravir les pentes; la grêle, la boue arrêtèrent sa marche. C'était un véritable échec, et la gravité des circonstances rappela le gé-

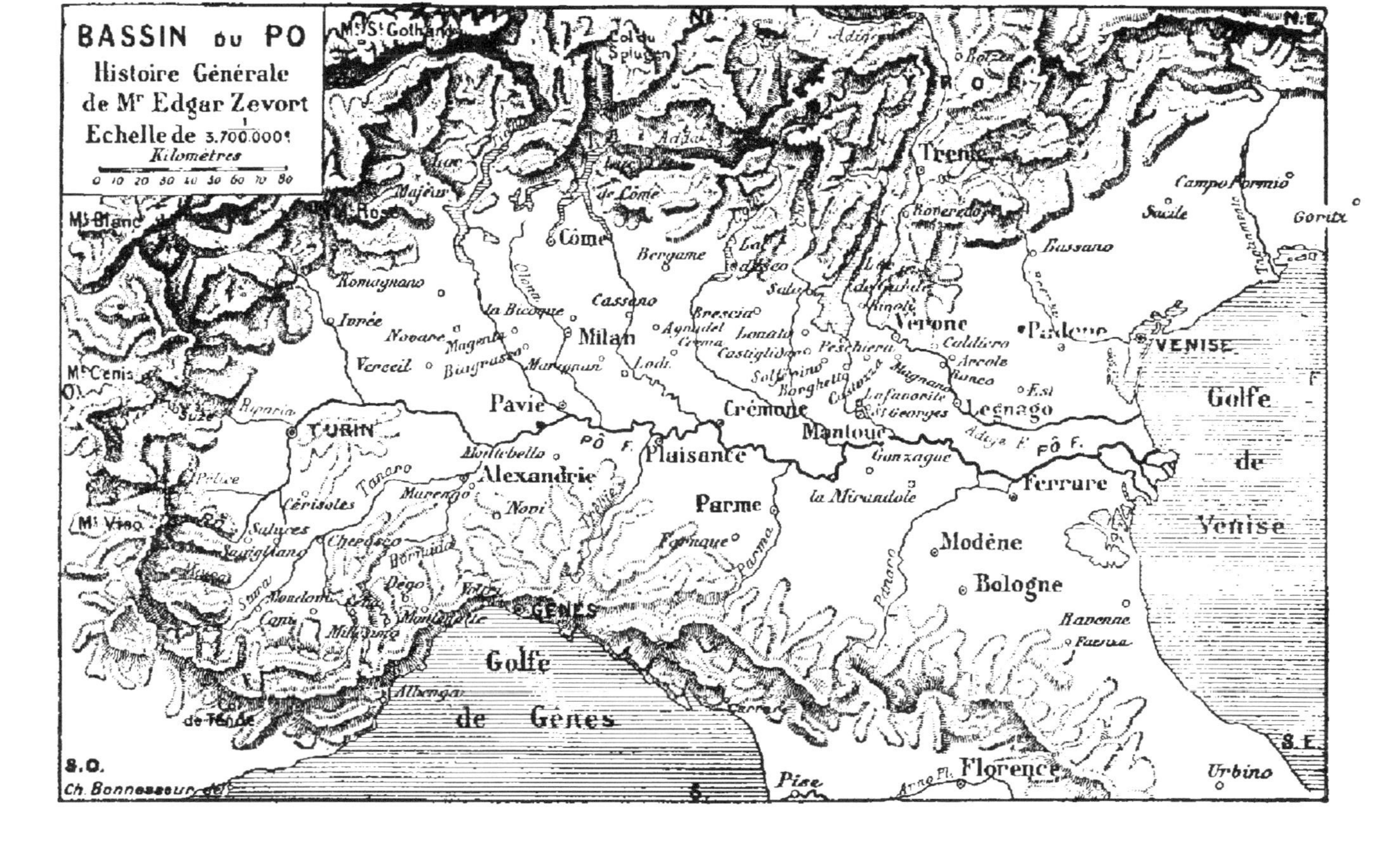

BASSIN du PO
Histoire Générale
de Mr Edgar Zevort
Echelle de 1/3.700.000.
Kilomètres
0 10 20 30 40 50 60 70 80
Mt St Gothard
Col du Splugen
Adige
Bolzen
PO
Trente
Campo Formio
Sacile
Goritz
Mt Blanc
Majeur
Lac
de Côme
Roveredo
Bassano
Côme
Bergame
Lac d'Iseo
Lac de Garde
Romagnano
Olona
Cassano
Brescia
Salo
Rivoli
Vérone
Pudoue
VENISE
Ivrée
la Bicoque
Agnadel
Lonato
Castiglione
Peschiera
Caldiero
Mt Cenis
Novare
Magenta
Crema
Arcole
Golfe
Verceil
Biagrasso
Marignan
Lodi
Solferino
Mugnano
Runco
Milan
Borghetto
Castozza
Legnago
Est
Pavie
Lafavorite
St Georges
de
Riparia
Crémone
Mantoue
Adige F.
PÔ F.
Suze
TURIN
PÔ F.
Plaisance
Gonzague
Montebello
Ferrare
Venise
Pelice
Tanaro
Alexandrie
Parme
la Mirandole
Mt Viso
Marengo
Novi
Cérisoles
Saluces
Trebie
Panaro
Modène
Savigliano
Cherasco
Bormida
Parma
Farnque
Bologne
Dego
Volta
Panaro
Ravenne
Mondovi
Dego
Montenotte
GÊNES
Faenza
Cani
Millesimo
Golfe
de Tende
Albenga
de
Gênes
Carre
Pise
Arne Fl.
Florence
Urbino
S.O.
S.
S.E.
N.E.
Ch. Bonnasseur del.

néral en chef à des sentiments plus équi-
tables; il trembla pour son meilleur lieutenant. « Peut-être, écrivit-il au Directoire,
« l'heure de l'intrépide Masséna est près de
« sonner. » Il renonça même, dans la crainte
de compromettre avec ses meilleures troupes
la fortune de toute la campagne, à attaquer
de front la formidable position de Caldiero;
mais s'il fut l'un des hommes les plus dangereux dont la France ait subi la domina-
tion, Bonaparte était, alors surtout, un grand
capitaine; il conçut le plan de tourner Alvinzi par les marais d'Arcole, situés au sud
de Caldiero. Ces marais étaient traversés par
deux chaussées, que les Autrichiens s'em-
pressèrent de défendre, quand ils s'aperçurent
du mouvement tournant de l'armée française.

Tandis que Bonaparte et Augereau péné-
traient sur l'une en forçant le pont d'Arcole
au péril de leur vie, Masséna se précipita sur
l'autre et jeta à l'eau les troupes qu'Alvinzi
avait envoyées contre lui (15, 16 novembre
1796); le 17, ce fut encore Masséna qui dé-

cida la victoire avec la 32ᵉ demi-brigade; il rentra à Vérone par la porte opposée à celle qu'il avait franchie pour abandonner la ville la veille de la bataille; les Autrichiens avaient évacué Caldiero.

Alvinzi n'était pas détruit; il reconstitua ses forces pendant le mois de décembre et, lançant son lieutenant Provera sur Mantoue, il descendit lui-même entre l'Adige et le lac de Garde, et le 14 janvier 1797, il vint attaquer à Rivoli l'un des lieutenants de Bonaparte, Joubert, dont les forces étaient insuffisantes pour défendre la position. Par une nuit glacée, du 14 au 15 janvier, Masséna, à la tête de quatre régiments, parmi lesquels se trouvait la 32ᵉ demi-brigade, se rendit à marche forcée de Vérone à Rivoli, et, appuyant Joubert qui reculait après une héroïque défense, transforma un échec passager en une victoire complète. A peine cet éclatant succès était-il obtenu, que le corps de Masséna, en marche ou engagé depuis vingt-quatre heures, courut à Mantoue que Provera tentait de débloquer; le 16 janvier, il arrivait à temps pour lui faire déposer les armes, et contribuait ainsi à la reddition de Mantoue, qui eut lieu quelques jours plus tard.

Dans l'intervalle de repos, qui permit à Bonaparte d'aller à Milan pour organiser sa conquête, Masséna commanda les troupes françaises restées à Mantoue et en Vénétie. Lorsque la guerre reprit, et qu'on marcha sur Vienne, à travers les Alpes, ce fut encore lui qui, au milieu des neiges, coupa la retraite au nouveau général autrichien, l'archiduc Charles : le combat de Tarvis, « qui se livra au-dessus des nuages », permit aux Français de pénétrer en Autriche. Masséna y redevint l'avant-coureur de l'armée; il gagna deux nouvelles victoires avec sa seule division : l'une à Klagenfurth, l'autre à Neumarkt (avril 1797); enfin, il arriva le premier à Léoben, en vue de la capitale de l'Autriche. Il avait déjà pris le chemin de Vienne, lorsque Bonaparte entama les négociations connues sous le nom de préliminaires de Léoben. Ce fut Masséna qui fut chargé de porter à Paris les conditions débattues entre le géné-

ral en chef de l'armée d'Italie et les négocia-
teurs autrichiens. Les généraux, qui avaient
eu tant de part aux succès, les trouvaient
insuffisantes, après tous les efforts qu'ils
avaient faits pour faire triompher la République. L'un des directeurs, La Reveillére-
Lepeaux, qui n'aimait pas Bonaparte, sut que
Masséna était un des mécontents; il essaya
de l'engager à se lancer dans la politique,
pour l'opposer au général en chef de l'armée
d'Italie, dont l'ambition et l'insubordination
commençaient à inquiéter le Directoire. On
fit, au vainqueur de Rivoli et de Tarvis, une
réception enthousiaste. Un banquet de huit
cents couverts lui fut offert dans la salle du
théâtre de l'Odéon et fut suivi d'un bal; enfin
on lui fit savoir qu'on était disposé à lui
donner la place d'un des directeurs sortants;
mais il se savait incapable d'être un homme
politique, il refusa de se poser en adversaire
de Bonaparte; et, s'il fut porté plus tard une
seconde fois sur la liste des candidats au Directoire, ce fut par honneur et à son insu.

La campagne d'Italie était finie; Masséna

y avait tenu la première place, après le général en chef. A Montenotte, à Dego, à Lodi,
à Lonato, à Bassano, à Arcole, à Rivoli, à
Tarvis, il avait fait l'admiration de l'armée.
Des chansons patriotiques couraient sur son
compte; on l'y appelait « l'enfant chéri de la
« victoire », et Bonaparte lui-même, habile
à flatter ceux de ses généraux qui étaient
populaires, lui avait donné après Rivoli ce
glorieux surnom. Mais il voyait d'autant plus
un rival dans son illustre lieutenant, et il
chercha le moyen de souffler sur cette gloire
à peine inférieure à la sienne. Masséna, rude
à lui-même comme aux autres, avait peu de
besoins personnels; mais un avancement rapide, une haute situation conquise en quelques mois, lui avaient tourné la tête; la route
de la fortune lui était ouverte; il n'eut pas le
courage de ne pas s'y engager. Bonaparte était
resté incorruptible pendant toute la campagne
d'Italie, mais il encourageait son entourage
à s'enrichir, et faisait sonner d'autant plus
haut son intégrité. Masséna subit, dans une
certaine mesure, cette funeste influence. S'il

ne se montrait pas, comme Augereau, chargé
de bijoux et de bagues, conquis dans la
campagne, si on ne pouvait le comparer,
comme le vainqueur de Castiglione, à un
brigand chargé de butin, il faut reconnaître
que sa fortune date de 1797, et il fut de ceux
dont, selon l'expression d'une contempo-
raine, « les salons étaient somptueusement
« décorés de tableaux, de statues, de mo-
« saïques, dépouilles de l'Italie. »

V

MASSÉNA A ROME ET A ZURICH
(1797-1799)

Le traité de Campo-Formio confirma toutes les conditions des préliminaires de Léoben et, pour quelques mois, établit la paix entre la France et l'Europe; l'Angleterre seule continuait la guerre maritime, et le Directoire n'avait plus sur le continent de difficultés qu'en Italie. L'Italie du Nord avait été organisée en République; le gouvernement français voulait créer aussi des États républicains dans la partie méridionale de ce pays. A Rome, le pape Pie VI voyait avec déplaisir les idées nouvelles, peu favorables au catholicisme, que le représentant de la République française apportait avec lui dans ses États. C'était Joseph Bonaparte, le frère aîné du conquérant de l'Italie septentrionale. Il avait dans sa suite, à titre d'officier ou d'attaché militaire, le général Duphot, dont la conduite et les paroles peu mesurées, en matière de religion, parurent sacrilèges à la multitude romaine, attachée de tout temps aux cérémonies religieuses de la Rome catholique. Une émeute eut lieu, dans laquelle le général Duphot fut tué (28 décembre 1797). Le Directoire dut tirer vengeance d'un attentat commis sur la personne d'un de ses agents. Ce fut le général Berthier, l'ami et le confident de Bonaparte, qui fut chargé d'occuper Rome.

Bonaparte préparait alors l'expédition d'Égypte, et Berthier était déjà désigné comme devant être son second, c'est-à-dire, selon l'expression militaire, son chef d'état-major général. Ils considéraient tous deux l'expédition de Rome comme une bonne aubaine. C'était un excellent moyen de faire de l'argent pour l'expédition en voie de formation, sans en demander au Directoire, l'un des gouvernements les plus besoigneux que la France ait connus. Berthier s'empressa donc à Rome de faire argent de tout, et de déménager tous les objets précieux que le pillage ou la confiscation purent lui fournir; puis il dirigea toutes ces richesses mal acquises sur Civita-Vecchia, le port de Rome. Là, il se prépara à rejoindre à Malte, avec le fruit de ses rapines, la flotte de Bonaparte (février 1798).

Cette razzia honteuse avait été opérée avec une rapidité extraordinaire, pas assez grande cependant, pour que les soldats français n'eussent pas eu le temps de comprendre à quelle besogne on les employait; ils se révoltèrent contre le brigandage qu'on leur imposait; mais leur indignation ne pouvait retomber sur Berthier. Il était déjà parti, et avait passé le commandement à Masséna, nommé par le Directoire pour le remplacer. Par une confusion déplorable, l'armée crut le nouveau général tout au moins complice de son prédécesseur. Une circonstance malheureuse vint encore fortifier cette opinion. Masséna eut

forcément des relations avec l'un des fournisseurs militaires de la République, le ban-
quier Haller. C'était l'agent financier de Bonaparte, et il était resté à Rome pour réaliser,
en espèces sonnantes, les objets de valeur
qu'il avait été impossible d'emporter. Dans
leur colère, les officiers français du corps
d'occupation, s'estimant déshonorés par de
tels agissements, s'en prirent à Masséna, et
lui attribuèrent la honte du pillage de Rome;
deux cent cinquante d'entre eux refusèrent
de lui obéir; et il porta en cette occasion la
peine de n'avoir pas été irréprochable dans
la campagne d'Italie; pour avoir succombé
aux tentations que Bonaparte avait placées à
sa portée, il acquit alors et dans la suite la
réputation d'un pillard, capable de toutes les
spoliations. Un moment, l'énergie de Masséna domina la situation; la population
romaine s'était révoltée; les soldats français
reconnurent son autorité pour combattre et
vaincre l'insurrection; mais, le danger une
fois passé, l'indiscipline reprit, plus menaçante. Le général, découragé par cette répro-

bation, qu'il n'avait par méritée pourtant, se résigna à demander son rappel. Il aurait voulu tout au moins faire une retraite honorable, et obtenir un témoignage de reconnaissance du général en chef de l'armée d'Égypte. Ne venait-il pas, en effet, de supporter les conséquences des rapines du lieutenant de Bonaparte, et n'était-ce pas le moment de lui savoir gré de tant de services rendus dans la campagne d'Italie? Masséna lui écrivit, lui expliqua les dégoûts de sa situation et protesta de son innocence; personne, mieux que Bonaparte, ne pouvait la connaître; enfin, il priait le tout-puissant général d'appuyer, auprès du Directoire, la demande qu'il faisait d'une ambassade. Cette haute situation convenait à l'éclat que le nom de Masséna avait acquis en Italie; c'était surtout une protestation contre les bruits odieux qui couraient sur son compte. Bonaparte se garda bien de satisfaire le vœu de son ancien compagnon d'armes; il laissa peser sur lui une réputation qui devait le suivre dans toute sa carrière, et dont les témoignages les moins suspects nous ont révélé depuis l'injustice. Masséna fut mis en disponibilité et, pendant plus d'un an, tandis que Bonaparte faisait en Égypte une expédition aussi brillante que dangereuse, le Directoire le laissa sans emploi.

Mais la France eut bientôt besoin de son plus grand général. L'Autriche avait signé de mauvaise grâce le traité de Campo-Formio; elle y perdait tout le nord de l'Italie. Excitée par l'Angleterre, elle souleva sans cesse des difficultés au congrès de Rastadt (pays de Bade), où les plénipotentiaires français et allemands réglaient les dernières questions de détail du traité. Les dissentiments devinrent bientôt assez graves pour qu'il fût facile de prévoir la rupture de la paix, et quoique la déclaration de guerre de la France à l'Autriche date seulement du 12 mars 1799, les préparatifs militaires et même les hostilités avaient commencé depuis les derniers mois de 1798. Le général Jourdan avait fait voter, le 5 septembre de cette année, la première de nos grandes lois militaires : tout Français devait désormais porter les armes de vingt à vingt-cinq ans, et être appelé sous les drapeaux dans l'ordre d'une liste de tirage, appelée conscription. La première conscription fournit 200 000 hommes. On en forma trois armées, l'une chargée de défendre l'Italie, l'autre d'attaquer l'Allemagne par le Rhin; la troisième, placée au milieu, devait garder la Suisse, que la République française avait cru devoir occuper, pour couvrir sa frontière centrale contre l'Autriche. Le maintien des Français en Suisse avait une importance toute particulière, parce qu'ils interceptaient ainsi les communications des troupes ennemies d'Italie et d'Allemagne et les forçaient à agir isolément.

La Suisse une fois occupée par les Autrichiens, ils n'auraient plus eu qu'un effort d'ensemble à faire pour envahir notre frontière sur toute la ligne. Cet effort eût été d'autant plus facile qu'une coalition formidable, composée de l'Angleterre, de la Russie, de toute l'Allemagne (sauf la Prusse), du Piémont, du royaume de Naples, du

Portugal, de la Turquie, avait uni ses forces à celles de l'Autriche.

On rappela Masséna à l'activité (14 décembre 1798), pour lui confier le poste le plus périlleux; il reçut le commandement en chef de l'armée d'Helvétie, c'est-à-dire de Suisse. Cette nomination effaçait la disgrâce qu'il avait subie après l'affaire de Rome, et la manière dont il remplit ce nouveau poste démentit les espérances non pas seulement des ennemis extérieurs de la France, mais des royalistes, ennemis cachés de la République. Ils travaillaient alors à la renverser au profit du frère de Louis XVI, qui prenait déjà le nom de Louis XVIII; le fils du dernier roi était mort de maladie dans la prison du Temple, à Paris, en 1795; les légitimistes l'appelaient Louis XVII. Les agents royalistes à Paris considéraient Masséna comme un des généraux qu'il était le plus facile de corrompre, en faveur d'une restauration monarchique; ils se trompaient, Masséna fit de la campagne d'Helvétie la plus belle peut-être de toutes les campagnes républicaines.

Le Directoire lui avait donné pour lieutenants les plus audacieux parmi les généraux de la République: Lecourbe, Dessolles, Soult, Oudinot, Vandamme. L'armée était forte de 30 000 hommes; elle passa rapidement le Rhin au sud du lac de Constance, et vint mettre le siège devant la forteresse autrichienne de Feldkirch. La ville résista victorieusement (mars 1799), et Masséna débuta par un échec. En ce moment même les armées françaises étaient battues en Allemagne sous les ordres de Jourdan, et en Italie elles étaient repoussées sous les ordres de Schérer. Comme la Suisse fait une saillie entre l'Allemagne et l'Italie, le chef de l'armée d'Helvétie craignit d'être pris entre deux armées victorieuses et il repassa le Rhin. Il n'était pas découragé, et nous verrons toujours sa fermeté d'âme persister dans les circonstances difficiles. Le Directoire sut apprécier cette énergie et cette confiance que ses collègues n'avaient pas montrées. Il reçut le commandement suprême des trois corps d'armée du Rhin, du Danube et d'Helvétie.

Son autorité militaire s'étendit de Dusseldorf
au mont Saint-Gothard, depuis la limite de
la Hollande jusqu'à la frontière de l'Italie. En
Suisse, il était menacé personnellement par
100 000 Autrichiens et Russes; il renonça
à défendre la ligne du Rhin, et les laissa pénétrer, toutefois en retardant leur marche
par des combats sans cesse renouvelés, jusqu'au lac de Zurich. Là il s'arrêta, et s'établit
sur une ligne de défense d'où il ne bougea
plus. Jamais homme de guerre ne montra
plus de ténacité; on eût dit qu'il était attaché
au sol, et qu'il avait fait serment de ne pas
permettre aux coalisés de faire un pas de plus
vers la France. Les positions de Masséna
commençaient au point où la rivière la Limmath se jette dans l'Aar, affluent du Rhin,
puis elles suivaient les crêtes de la chaîne
de l'Albis, extrémité septentrionale des Alpes
suisses, qui domine la rive occidentale du
lac de Zurich, enfin elles atteignaient au sud
le Saint-Gothard. Le col du Saint-Gothard,
tout rude et tout hérissé qu'il est, était le
seul chemin par lequel les troupes russes,

victorieuses en Italie, pouvaient se rejeter sur l'armée d'Helvétie. Pendant les mois de juin, juillet, août et les deux tiers de septembre (1799), les Autrichiens et les Russes n'osèrent pas attaquer l'armée française. Les généraux ennemis s'accusèrent réciproquement d'une pareille inaction, et reconnurent qu'il leur était impossible d'agir ensemble. Les coalisés conçurent alors le plan le plus bizarre. Il consistait à amener en Suisse, contre Masséna, l'armée russe du général Souvarow, vainqueur en Italie; de leur côté, les Autrichiens quitteraient la Suisse et iraient rejoindre en Italie les troupes autrichiennes qui avaient combattu jusqu'alors avec les Russes. C'était mal connaître la vigilance, le coup d'œil et la promptitude de Masséna, que de risquer, sous ses yeux, un mouvement d'une telle étendue. Il eut bientôt pénétré les projets de l'ennemi, et se prépara à profiter de l'ébranlement général des armées alliées pour les attaquer brusquement. Il confia à son lieutenant le plus audacieux, Lecourbe, le soin d'arrêter la marche de Souvarow dans l'étroite vallée de la Reuss, qui s'ouvre au nord du Saint-Gothard, et résolut de culbuter rapidement les troupes restées en sa présence sur la rive orientale du lac de Zurich. On attendait en France le résultat de la campagne avec la plus grande anxiété. Vainqueurs en Suisse, les coalisés ne trouvaient plus d'obstacles jusqu'en France, et ramenaient avec eux la royauté et Louis XVIII; déjà sûr de tenir la couronne, le souverain en espérance posait ses conditions, et menaçait les hommes et les choses de la Révolution. Masséna sentit la responsabilité qui pesait sur lui; et ce fut une véritable inspiration du génie qui dicta ses opérations. Pendant qu'il envoyait le général Soult fermer la route au sud du lac de Zurich, il passa lui-même la Limmath au nord, avec les généraux Mortier et Oudinot. Soult battit les contingents autrichiens, qui n'avaient pas encore eu le temps de quitter la Suisse. Masséna (le 25 septembre 1799), coupa le russe Korsakow de sa ligne de retraite et rejeta son armée pêle-mêle dans

Zurich. Le 26, la bataille recommença : Masséna pénétra dans la ville; l'ennemi perdit 16 000 hommes, tous ses bagages, toute son artillerie; seuls 14 000 hommes, avec le général en chef, parvinrent à se faire jour, se hâtèrent d'évacuer la Suisse et repassèrent le Rhin. Pendant ce temps Souvarow, ignorant la défaite de son lieutenant, se dirigeait vers le Saint-Gothard, et se heurtait à la division Lecourbe. Les Français disputèrent chaque pouce de terrain aux Russes, et finirent par en précipiter un grand nombre dans la vallée de la Reuss; Masséna, victorieux, eut ainsi le temps d'accourir, et entoura Souvarow de tous côtés. Le vieux général russe, ayant appris la fuite de Korsakow, renonça à tenter la fortune. Il franchit, après des fatigues inouïes, les Alpes d'Uri, qui séparent la Reuss des sources du Rhin, et parvint enfin, en sacrifiant 12 000 hommes, à gagner le canton des Grisons. De là il se hâta de passer en Autriche. Telles furent les glorieuses journées connues sous le nom de bataille de Zurich; elles préservèrent la France de l'invasion

(6 octobre 1799). Le Directoire déclara que l'armée d'Helvétie avait bien mérité de la patrie. Masséna fut considéré comme un sauveur; ce fut la plus belle page de son histoire.

VI

LE SIÈGE DE GÊNES

La victoire de Zurich fut complétée par d'autres succès, remportés en Hollande ; mais l'Italie était perdue. Gênes seule restait encore française. Tout à coup Bonaparte, quittant l'Egypte, sous prétexte de sauver la France, qui n'avait plus besoin de lui, arriva à Paris, et renversa le Directoire (10 novembre 1799 — 18 brumaire an VIII). Ce gouvernement fut remplacé par le Consulat. Les chefs de la République prirent, comme autrefois à Rome, le nom de consuls. Il y en avait trois ; mais un d'eux eut le pouvoir absolu : ce fut Bonaparte.

Le premier consul avait besoin de justifier son coup d'État par des succès militaires ; il résolut de reconquérir l'Italie, mais il lui fallait le temps nécessaire pour réunir et préparer une armée capable d'entreprendre cette conquête; et les Autrichiens menaçaient déjà les Alpes Maritimes; 30 000 hommes, battus et désorganisés, concentrés autour de Gênes, défendaient seuls notre frontière méridionale; ils venaient même de perdre leur chef, l'habile Championnet. Bonaparte leur envoya Masséna avec l'ordre de retenir l'ennemi jusqu'aux derniers jours de mai 1800. On était au mois de février; il comptait que l'esprit militaire et l'indomptable énergie du vainqueur de Zurich, lui permettraient de réunir secrètement une armée à Lyon, de passer les Alpes par la Savoie, et d'attaquer à revers le général autrichien Mélas.

Les troupes de Masséna s'étendaient de Gênes à Nice; ses deux principaux divisionnaires étaient Soult et Suchet. Il devait supporter l'effort des 90 000 hommes de Mélas et de son lieutenant Ott. Bonaparte le laissa se tirer d'affaire tout seul. Il connaissait son opiniâtreté et ses talents : il l'avait sacrifié d'avance à son plan général et, pendant que l'armée des Alpes se débattait contre un ennemi tellement supérieur, le premier consul organisait en toute sécurité son armée de Lyon. Une première fois Masséna repoussa l'attaque des Autrichiens; mais le 6 avril 1800, il ne put empêcher Mélas de couper en deux ses troupes; il essaya vainement, après dix jours de combats héroïques, de percer le cercle d'investissement; il fut rejeté sur Gênes, tandis que Suchet, avec une partie de l'armée, se retira derrière le Var; Mélas le suivit, sans pouvoir pendant plus d'un mois passer ce petit fleuve, défendu par une poignée d'hommes. Ott resta devant Gênes qu'il entoura de lignes formidables; une escadre anglaise croisa devant le port; jamais blocus n'avait été plus étroit. Pour comble de malheur, la ville n'était approvisionnée de rien. Les soldats français étaient bien disposés à tout faire pour retenir sous les murs de Gênes les forces autrichiennes; mais la population génoise voyait avec terreur tous les maux inséparables d'un long siège.

Dès l'origine, il fut très difficile de vivre, et le rationnement fut d'une extrême sévérité. Masséna ramassa tout ce qu'on put se mettre sous la dent. Il mélangea le peu de farine qu'il trouva avec des graines de lin, de cacao et des amandes ; on fabriqua ainsi une espèce de mastic que les soldats acceptèrent sans enthousiasme : encore, à partir du 21 mai, cette misérable nourriture ne fut plus en quantité suffisante et chacun ne recevait qu'une ration par jour. La famine se trouvait augmentée par les sorties ; on faisait des prisonniers, qu'il fallait nourrir, si peu que ce fût ; on les plaçait sur des pontons ou vaisseaux rasés dans le port de Gênes, et telle était la détresse de ces malheureux, qu'on n'osait pénétrer au milieu d'eux sans précautions. Masséna, grâce à la fermeté de son âme et à la dureté de son corps, ne se laissait pas ébranler par les horreurs d'un pareil siège. Bonaparte, sans lui communiquer ses projets, avait fixé le terme de la résistance au 24 mai ;

mais l'intrépide général, sachant que le devoir
d'un commandant de place est de tenir jusqu'à la dernière bouchée, prétendait tenir
plus longtemps encore. Rien ne put faire
changer sa résolution; seulement les inquié-
tudes firent blanchir ses cheveux en quelques
jours, et les privations lui firent contracter
les germes d'une maladie qui devait le suivre
désormais dans toute son existence. On man-
gea successivement les chevaux, les chiens,
les rats, le cuir; les soldats n'avaient plus la
force de porter leurs armes, et faisaient leur
faction, assis; mais l'esprit de discipline
triomphait encore; ils souffraient et mou-
raient sans se plaindre. Les Génois, au contraire, trouvaient que l'alliance française coû-
tait trop cher au prix de pareilles souffrances.
Il se produisit, en faveur d'une prompte
capitulation, de nombreuses manifestations,
auxquelles prit part presque toute la population civile. Il fallut même comprimer à
main armée plusieurs tentatives de révolte.
Un jour, selon le récit de notre grand his-
torien Michelet, une procession d'affamés,

plus nombreux que jamais, conduite par un gros capucin, défila devant Masséna. Le moine parla pour toute la foule : « Seigneur

Masséna fixa des yeux terribles sur le moine et lui répondit en lui montrant ses dents blanches : « Mon père, vous êtes gras ! Mon père, vous êtes gras ! »

général, disait-il, ayez pitié du pauvre peuple. » Masséna, fixant des yeux terribles sur le pauvre homme, se contenta de lui répondre d’un ton profondément accentué, en lui montrant ses dents blanches : « Mon père, vous êtes gras! mon père, vous êtes gras»; et le malheureux capucin, prenant au sérieux la mauvaise plaisanterie du général, « s’enfuit à toutes jambes, en trébuchant sur l’escalier de marbre, et tout le peuple le suivit. » Masséna était devenu bien réellement Français au fond de l’âme, puisqu’il savait sortir d’un mauvais pas par une plaisanterie.

La situation n’en était pas moins de plus en plus difficile; le 31 mai, le général autrichien Ott fit proposer à Masséna une capitulation honorable. Ce ne fut cependant que cinq jours plus tard (5 juin 1800), lorsqu’il n’y eut plus un rat à manger, ni un brin de paille à mettre sous la dent, que Masséna se décida à accepter ces conditions; il sortit de Gênes avec tous les honneurs de la guerre, avec armes et bagages; il partit pour rejoindre sur le Var son lieutenant Suchet. En défilant devant l’état-major autrichien, cet homme de fer, qui aurait dû être brisé par soixante jours de souffrances et de priva-

tions, s'écria gaîment : « Je vous donne ma
« parole d'honneur, messieurs, qu'avant
« vingt jours je serai devant Gênes. » En
effet, grâce à sa résistance prolongée, qui
avait retenu sur lui l'attention des Autrichiens, Bonaparte était entré le 2 juin à
Milan, et comme il l'avoua plus tard, dans
un premier moment de reconnaissance, grâce
à Masséna il avait pu préparer et gagner la
victoire de Marengo, qui rendit l'Italie à la
France.

VII

RAPPORTS DE MASSÉNA ET DE BONAPARTE
PENDANT LE CONSULAT

Le défenseur de Gênes reçut le commandement de l'armée d'Italie, que le premier
consul avait dû quitter, pour retourner en
France diriger le gouvernement. Il arriva au
milieu de soldats pleins d'enthousiasme, et
auxquels l'armistice d'Alexandrie, consé-
quence de la bataille de Marengo, laissait
quelque repos. Malheureusement, Masséna
n'était tout à fait à son aise que dans les mo-
ments d'activité; il fut bientôt arrêté dans
son nouveau commandement par des difficultés d'administration. La solde ne parve-
nait pas régulièrement. Dans les cantonne-
ments la vigilance du général n'était pas

assez éveillée pour empêcher le pillage et le gaspillage des subalternes qui l'entouraient. Son secrétaire Morin paraît avoir commis des détournements et des faux. Masséna y avait-il trouvé son profit? Il s'en défend énergiquement dans ses *Mémoires*. Il montre qu'il avait donné la plus grande publicité à la situation financière de son armée, et il a toujours protesté avec tant d'énergie contre les accusations de pillage, dont Bonaparte n'a cessé de le poursuivre, qu'on peut admettre que ses torts en cette occasion ont été tout au moins exagérés. Mais à cette époque, le ministre de la guerre Carnot, convaincu de l'irrégularité des procédés de Masséna, lui écrivit une lettre blessante et déclara qu'il serait remplacé par le général Brune. L'illustre accusé courut aussitôt à Paris, s'expliquer avec Bonaparte; il se plaignit surtout qu'on l'eût condamné sans l'entendre. Mais le premier consul, sans vouloir s'aliéner un homme aussi utile, avait intérêt à laisser planer sur lui une réputation équivoque. Il se contenta de répondre : « Ce diable de

Carnot n'en fait jamais d'autres!» et il donna des armes d'honneur à Masséna, mais il ne lui fit pas pleine et entière justice; et, blessé profondément par cette attitude, le vainqueur de Zurich se retira une seconde fois depuis 1792 dans la vie privée, observant, non sans malveillance, la conduite politique de Bonaparte. Il reçut à cette époque des témoignages d'admiration des peuples pour lesquels il avait combattu; son buste fut inauguré solennellement à Nice, et les Liguriens, qui avaient été témoins de la défense de Gênes, lui donnèrent des armes d'honneur par souscription; enfin les Niçois l'envoyèrent au Corps législatif, assemblée élue, qui votait les lois. Masséna ne s'y montra pas toujours favorable au gouvernement du premier consul; jusqu'alors il était resté fidèle à son origine, et lorsque tout le monde pressentait déjà la transformation du consulat en monarchie, il restait encore un général républicain et même *jacobin,* nom qui avait été donné aux républicains les plus avancés, parce qu'ils se réunissaient dans un *club,* qui était un ancien couvent de moines jacobins. Bonaparte voyait avec inquiétude l'attitude de Masséna et il le laissa sans emploi. Pendant quelque temps cependant il lui fit espérer qu'il utiliserait ses grands talents militaires. La France était alors en pourparlers avec le czar Paul Ier de Russie, pour arracher la Turquie et l'Égypte à l'influence anglaise. On prétend que le czar demanda, dans le cas d'une prise d'armes commune, que les troupes françaises envoyées en Orient fussent commandées par Masséna, dont il connaissait la supériorité par l'expérience que les Russes en avaient faite à Zurich. La mort de Paul Ier, assassiné par ses courtisans, arrêta ces projets. Les dernières troupes de la France en Égypte ne purent résister plus longtemps et capitulèrent à Canope (1801); Masséna resta donc inactif. Bientôt la paix de Lunéville signée avec l'Autriche en 1801, celle d'Amiens signée avec l'Angleterre (1802), parurent aussi fermer l'ère des grandes guerres; les généraux qui n'étaient pas parmi les favoris du premier

consul voyaient leur mécontentement s'augmenter de l'arrêt de leur fortune.

Membre du Corps législatif, Masséna fut
l'un des votants qui refusèrent d'accorder à Bonaparte le consulat à vie, estimant qu'il avait
été suffisant de prolonger son pouvoir pour
dix ans. Il ne se montra d'abord pas mieux
disposé dans le procès du général Moreau.
C'était l'un des plus grands capitaines de la
République. Il était, après Masséna, le seul
qui pût rivaliser de gloire militaire avec le
premier consul. Moreau était l'ami d'un ancien général républicain, Pichegru, qui s'était
vendu à la cause royaliste; il vint à Paris,
conspirer en sa faveur, en 1804. Moreau
voyait avec jalousie la position supérieure de
Napoléon; il avait beaucoup de partisans
dans l'armée et se tenait sur une réserve
qui paraissait menaçante. Il avait eu connaissance de la présence de Pichegru à Paris,
et, sans partager ses intrigues, il n'avait pas
dénoncé son ami. Bonaparte crut pouvoir
perdre Moreau en l'impliquant dans le com-
plot, le fit saisir et passer en jugement. Dans

le premier moment Masséna protesta contre
l'arrestation de son collègue, mais dans le
cours du procès, il changea de sentiment, et
parut bientôt croire aux projets criminels de
l'accusé. Nous savons aujourd'hui que Moreau n'était coupable, à cette époque, que
de faiblesse; mais l'histoire lui reprochera
éternellement d'avoir combattu neuf ans plus
tard dans les rangs des ennemis de la France,
sous prétexte de tirer vengeance de la persé-
cution de Bonaparte. Le secret du revirement
de Masséna dans le procès de Moreau n'était
peut-être pas bien connu clairement de lui-
même; il voyait Napoléon s'avancer à grands
pas vers le trône; l'élévation de ce soldat
faisait présager de nouvelles guerres, et il
voulait en avoir sa part; il fallait donc ne
pas rester ostensiblement à l'écart, dans une
opposition compromettante. Elle était allée
déjà assez loin pour le rendre suspect au premier consul, elle ne persista pas assez pour
lui conserver, dans l'histoire, un rôle à part
d'abnégation et de dignité.

Lorsque Napoléon se prépara à prendre le

titre d'empereur; il craignit de réveiller les
sentiments républicains que l'armée conser-
vait encore; il évita de consulter ceux des
généraux dont l'influence sur les soldats
pouvait être contraire à ses espérances. Masséna fut du nombre des suspects, et il
ignora, sinon les résolutions du premier
consul, que tout le monde devinait, du
moins les négociations secrètes qui précé-
dèrent la proclamation de l'Empire (18 mai
1804). Mais on avait prévu une protestation
possible de sa part, et le nouvel empereur
s'empressa de lui fermer la bouche; dès le
19 mai paraissait la nomination de 18 maréchaux de France, choisis parmi les illustra-
tions militaires de la Révolution. Masséna se
trouvait porté le quatrième sur la liste. Cette
dignité, la plus haute de l'armée, qui n'avait
disparu que depuis la fin de la monarchie, promettait de grands commandements
en temps de guerre. Masséna l'accepta sans
difficulté; à partir de ce jour il se trouva en-
traîné à la suite de Napoléon; il resta à son
égard, parfois désapprobateur, souvent dé-

fiant, mais respectueux toujours. Il conserva invariablement l'antipathie qu'il avait éprouvée, dès la première heure, pour le Bonaparte de l'armée d'Italie; mais elle fut toujours combattue, dans son esprit, par l'admiration qu'il avait non pour l'homme, non pour le souverain, mais pour le grand général.

A la haute situation que lui donnait le maréchalat, il ajouta bientôt tous les honneurs accessoires. Napoléon, pendant le consulat, avait fondé l'ordre de la Légion d'honneur, pour récompenser les services rendus à lui-même et à la patrie, dans l'armée et dans les posi.'ons civiles. Masséna fut d'abord grand-officier, c'est-à-dire l'un des sept titulaires supérieurs d'une des quinze cohortes de la Légion d'honneur. Peu après, il fut élevé à la dignité de grand-cordon, ce qui lui donnait accès dans le grand conseil de l'ordre.

Pour en finir ici avec les faveurs que Masséna reçut de Napoléon, il faut rappeler que sa dotation annuelle s'élevait à 680 000 fr.

de rente. L'empereur appelait ce revenu un fief, parce qu'il prétendait exiger, pour prix de cette libéralité, obéissance et fidélité, comme autrefois les seigneurs suzerains du moyen âge exigeaient de leurs vassaux l'hommage et la soumission, en retour de la concession d'une terre, qu'on appelait aussi un fief.

En une seule fois Masséna reçut encore une somme de 400 000 fr., pour se monter un train de maison et acheter un hôtel à Paris ; enfin plus tard l'empereur lui donna en Pologne un domaine de la valeur d'un million, mais dont les revenus furent rarement payés. Il est juste de dire que Napoléon exigeait des hommes qu'il élevait avec lui, une représentation excessivement coûteuse, qui grevait leur budget, et leur donnait l'apparence plutôt que la réalité d'une immense fortune. Nous l'avons déjà dit, Bonaparte a insisté triomphalement sur la vénalité de Masséna, et en dictant ses Mémoires à Sainte-Hélène, il a énuméré complaisamment les honneurs et les richesses qu'il accumula sur la tête de ce général républicain. On peut hardiment défendre Masséna, lorsque Napoléon essaye de jeter des doutes sur ses talents militaires ; mais on est réduit à regretter que cette belle figure de soldat se soit compromise, comme tant d'autres, dans la curée qui suivit l'établissement de l'Empire. Ce montagnard à mine haute et un peu sauvage dut se faire courtisan ; on le vit assister à cette immense comédie du sacre de Napoléon (2 décembre 1804). Au milieu de ces magnificences religieuses, depuis si longtemps oubliées, chamarrés d'habits brodés, qui leur allaient mal, les hommes de la trempe de Masséna jouaient un rôle souvent ridicule.

En voyant sacrer le fils d'un avocat d'Ajaccio, ancien jacobin, ancien ami de Robespierre, bien des contemporains eurent peine à garder leur sérieux. Un des témoins oculaires de cette cérémonie nous a raconté que personne n'osait regarder son voisin, de peur d'éclater de rire ; mais Masséna dut plutôt encore penser tout bas, ce qu'un brave soldat, le général Delmas, dit tout haut, c'est qu'il ne manquait à la fête qu'un million d'hommes qui s'étaient fait tuer pour que pareille chose ne se reproduisît jamais.

VIII

MASSÉNA EN ITALIE, A NAPLES ET EN POLOGNE

(1805-1808)

Les guerres recommencèrent avec l'Empire. Napoléon s'étant déterminé à annexer à la France une partie de l'Italie du Nord et de la Suisse, l'Angleterre, l'Autriche et la Russie s'unirent de nouveau pour résister à ses prétentions. Il marcha lui-même sur Vienne à travers l'Allemagne, et Masséna reçut la mission de conquérir la Vénétie, que les traités de Campo-Formio et de Lunéville avaient laissée aux Autrichiens. Il avait pour adversaire l'archiduc Charles, le plus habile des généraux ennemis. Il s'empara de Vérone, et livra près du village de Caldiero, qui semblait devoir arrêter toujours l'élan des

troupes françaises, une bataille indécise.
Toutefois le but principal de Masséna était
atteint, l'archiduc Charles n'avait pu joindre
ses forces à celles qui défendaient Vienne.
Bonaparte s'en était emparé et avait gagné la
belle victoire d'Austerlitz (décembre 1805).
Cette campagne d'ailleurs ne fut pas heu-
reuse pour le maréchal, sous plusieurs rapports; il avait cru pouvoir prélever sur le
pays occupé, les sommes nécessaires à son
armée et à ses propres besoins; ces actes
furent considérés comme des abus de pouvoir; on voulut y voir une preuve nouvelle
de la rapacité du vainqueur de Zurich. Masséna a protesté qu'il avait cru agir légitime-
ment; Bonaparte n'avait-il pas autrefois
nourri l'armée d'Italie sur le pays conquis?

Napoléon profita de ces bruits fâcheux
pour ne pas employer Masséna à ses côtés;
et craignant toujours d'augmenter d'une
manière inquiétante la gloire de ses lieutenants, il ne lui confia pendant quelques
années que des opérations subalternes. Mal
content des Bourbons de Naples, il avait dé-

claré « qu'ils avaient cessé de régner ».
Il chargea Masséna d'aller conquérir leur
royaume, pour le compte de son frère Joseph
Bonaparte, auquel il destinait cette couronne.
C'était une expédition peu sérieuse. Les Na-
politains acceptaient en majorité leur nouveau roi; ceux qui refusaient de le reconnaître n'étaient capables que de brigandage
et non de résistance militaire. Masséna se
montra peu flatté de cette besogne; son mécontentement éclata dans une entrevue
qu'il eut à Bologne avec l'un des frères de
l'empereur, Lucien. Lucien Bonaparte, après
avoir aidé son frère à faire le coup d'État du
18 brumaire, s'était brouillé avec le premier
consul, qui prétendait intervenir dans ses
affaires domestiques. Napoléon devenu empereur, exclut Lucien de tous les avantages
que ses deux autres frères Joseph et Louis,
obtinrent dans la constitution impériale,
« comme princes français ». Bonaparte espérait amener son frère à la soumission;
mais Lucien, autant par jalousie que par
esprit d'indépendance, s'obstina à résister, et

se retira, avec toute sa famille, à Bologne, dans les États du pape. C'est là que Masséna le vit en 1806; les deux interlocuteurs s'accordèrent promptement pour déplorer l'ambition de Napoléon, et pour prévoir les malheurs qu'elle attirerait sur la France. Bien des gens sans doute faisaient alors les mêmes réflexions. Mais soit intérêt personnel, soit lassitude et indifférence, la grande majorité de la nation française subissait complaisamment le joug qui s'appesantissait sur elle, et se consolait en prenant sa part de ces victoires innombrables, qui portaient dans toute l'Europe l'humiliation et le désir de la revanche. A Naples, les talents de Masséna servirent peu; il s'empara de la place forte de Gaëte et chassa les troupes anglo-napolitaines de la Calabre, la province la plus méridionale du royaume de Joseph Bonaparte. Au début de la fameuse campagne d'Iéna et de Friedland contre la Prusse et la Russie, il fut encore laissé de côté par Napoléon; mais au mois de février 1807, lorsque les succès de l'armée française eurent subi

un temps d'arrêt après la bataille d'Eylau,
l'Empereur crut avoir besoin de ses meilleurs
lieutenants et fit venir Masséna au quartier
général d'Osterode en Prusse; il ne l'employa
pas au premier rang; le maréchal manœuvra
sur les flancs de l'armée, dans les marais et
les bas-fonds détrempés par les pluies, et
empêcha les Russes de tourner l'armée française par la Pologne; il contribua ainsi à la
grande victoire de Friedland, sans y assister
pourtant, et au traité de Tilsitt (juillet 1807).

Napoléon crut avoir consolidé son pouvoir
par ces succès éclatants; pour l'affermir davantage encore en France, il voulut créer
une noblesse nouvelle, dont les intérêts
seraient liés au sien; Masséna reçut le titre
de duc de Rivoli, qui rappelait l'une de ses
belles victoires; cette élévation lui arrivait
en même temps que la maladie; sa santé avait
été épuisée par les rudes campagnes de la Révolution; le besoin de repos se fit impérieu-
sement sentir; il se retira à Rueil pendant
plus d'un an; il comptait y rester tranquille,
jusqu'au jour où une nouvelle guerre le ren-

drait à ses instincts de soldat. Il avait compté sans Napoléon; l'Empereur tenait alors une cour de rois à Fontainebleau; presque tous les petits princes d'Allemagne, un archiduc d'Autriche étaient venus exprimer leur admiration au conquérant de l'Europe. Ils y coudoyaient un Joseph Bonaparte, roi de Naples et bientôt d'Espagne, un Louis Bonaparte, roi de Hollande, un Jérôme Bonaparte, pour qui l'on venait de tailler en Allemagne un royaume de Westphalie. Napoléon, qui fut toujours, selon l'expression de son ministre Talleyrand, un homme mal élevé, traitait d'assez haut son entourage. Il se plaisait surtout à voir ses généraux embarrassés par le luxe et le cérémonial de sa cour, auquel il tenait avec une passion de parvenu. Bien des maréchaux n'avaient gagné leur bâton qu'à la pointe de leur épée, et étaient nés dans des familles où l'on n'apprenait pas à porter les bas de soie, l'habit à la française, où l'on n'avait jamais su entrer dans un salon, saluer et causer de riens élégants. Masséna, comme bien d'autres, aurait voulu être dispensé de se don-

ner en spectacle; mais il essaya vainement de
se soustraire à la nécessité de parader sous les
yeux malveillants du maître; enchaîné désormais à la situation qu'il avait acceptée, il

Napoléon se plaisait à voir ses généraux embarrassés par le luxe
et le cérémonial de sa cour.

parut à Fontainebleau; mal lui en prit; dans
une chasse, le maréchal Berthier envoya un
grain de plomb dans l'œil gauche de Masséna, qui devint borgne.

Cet accident le tint éloigné de l'armée

pendant la première guerre contre le Portugal et les affaires d'Espagne (1808). Napoléon avait profité de la haine qui divisait Charles IV, roi d'Espagne, et son fils, le prince Ferdinand. Il avait obtenu d'eux leur renonciation à la couronne et avait fait passer son frère Joseph du trône de Naples à celui de Madrid. Joseph prévoyait la résistance des Espagnols; il aurait voulu que l'Empereur donnât à Masséna le commandement de l'armée qui devait protéger son installation; mais Napoléon ne voulait pas confier au maréchal une tâche aussi importante; il savait d'ailleurs que Masséna, comme beaucoup de généraux et d'hommes d'État, n'approuvait pas l'expédition d'Espagne. D'abord, selon l'expression de l'Empereur lui-même, c'était une entreprise immorale, que de prétendre soumettre un peuple allié à un souverain étranger, que repoussait l'esprit national; puis la nature du pays et l'expérience que les Espagnols avaient de la guerre de montagnes rendaient le succès très douteux. Toujours battus dans les grandes actions, ils reparaissaient toujours ; et leur résistance prolongée encouragea l'Autriche à recommencer la guerre et à prendre sa revanche d'Austerlitz ; l'archiduc Charles envahit la Bavière, alliée de la France. Masséna reçut alors le commandement de l'armée française en Allemagne et fut placé à Augsbourg (au sud du pays bavarois).

IX

MASSÉNA A ESSLING ET A WAGRAM

Napoléon était encore absent (mars 1809);
il avait confié la direction générale des premières opérations à son major général Berthier, incapable de rien faire par lui-même.
Berthier avait placé l'aile gauche, commandée
par Davout, à une grande distance de l'aile
droite. Les Autrichiens auraient pu les
écraser l'une après l'autre. Quand Bonaparte
arriva, il vit aussitôt le danger; pour l'éviter,
il fallait courir; Masséna était là, heureusement. Pendant que Napoléon allait au-
devant de Davout, qui, de lui-même, se
rapprochait de lui, le duc de Rivoli parcourut
toute la Bavière avec rapidité; dans sa course
il culbuta à Landshut la gauche de l'archiduc

Charles; ce fut l'une des journées de la fameuse bataille de cinq jours (17-22 avril 1809), connue sous le nom de bataille d'Eckmühl. Les Autrichiens furent chassés de Bavière et coupés de la route directe de Vienne, ils durent faire retraite au nord par la Bohême et par la Moravie. L'empereur lança aussitôt Masséna sur Vienne; le maréchal retrouva toute sa vieille impétuosité. Il ne rencontra qu'une résistance sérieuse, ce fut dans la forteresse d'Ebersberg. Il se précipita sur la hauteur fortifiée qui défendait la ville; et pour franchir l'obstacle la couvrit d'une mitraille horrible, qui la réduisit en cendres; ce fut un des faits d'armes les plus sanglants des guerres de la Révolution et de l'Empire; la pratique constante de la guerre émoussait chez des hommes comme Masséna le senti-ment de l'humanité. Un témoin oculaire a décrit en ces termes l'aspect des ruines d'Ebersberg : « Qu'on se figure tous ces « hommes morts, cuits par l'incendie, foulés « ensuite aux pieds des chevaux, et réduits en « hachis sous les roues des trains d'artillerie;

« on marchait dans un bourbier de chair
« humaine. » La journée d'Ebersberg restera
toujours comme une tache sur la mémoire
de Masséna. Jamais le défenseur de la Répu-

LE MASSACRE D'EBERSBERG
On marchait dans un bourbier de chair humaine.

blique à Zurich n'aurait fait ce que le maréchal duc de Rivoli fit alors dans la campagne
de 1809. C'est par de nombreux exemples
qu'on a constaté combien le caractère moral
des soldats de l'Empire fut inférieur à celui

des soldats de la Révolution. Les uns combattaient pour la patrie et pour la liberté, les autres pour un homme et pour leur fortune.

Maître de Vienne (1809), Napoléon ne voulut pas attendre que l'armée du prince Charles eût pu se reformer. N'ayant encore avec lui que les corps de Lannes et de Masséna, il passa le Danube et marcha à l'ennemi (21-22 mai 1809). Au moment où les deux maréchaux se trouvaient de l'autre côté du fleuve, une crue du Danube et aussi les brûlots lancés par les Autrichiens détruisirent les ponts. Ils soutinrent avec 30 000 hommes seulement les efforts d'une armée de 80 000 hommes; Lannes eut les genoux fracassés en défendant le village d'Essling, et tout le poids de la bataille retomba sur Masséna. Ce pouvait être un désastre; un moment de défaillance, et l'archiduc jetait les défenseurs d'Essling dans le Danube; l'armée française, encore dispersée, était incapable de se maintenir dans Vienne; une seule journée ruinait le prestige de la France et de Napoléon. L'Empereur mit toute sa

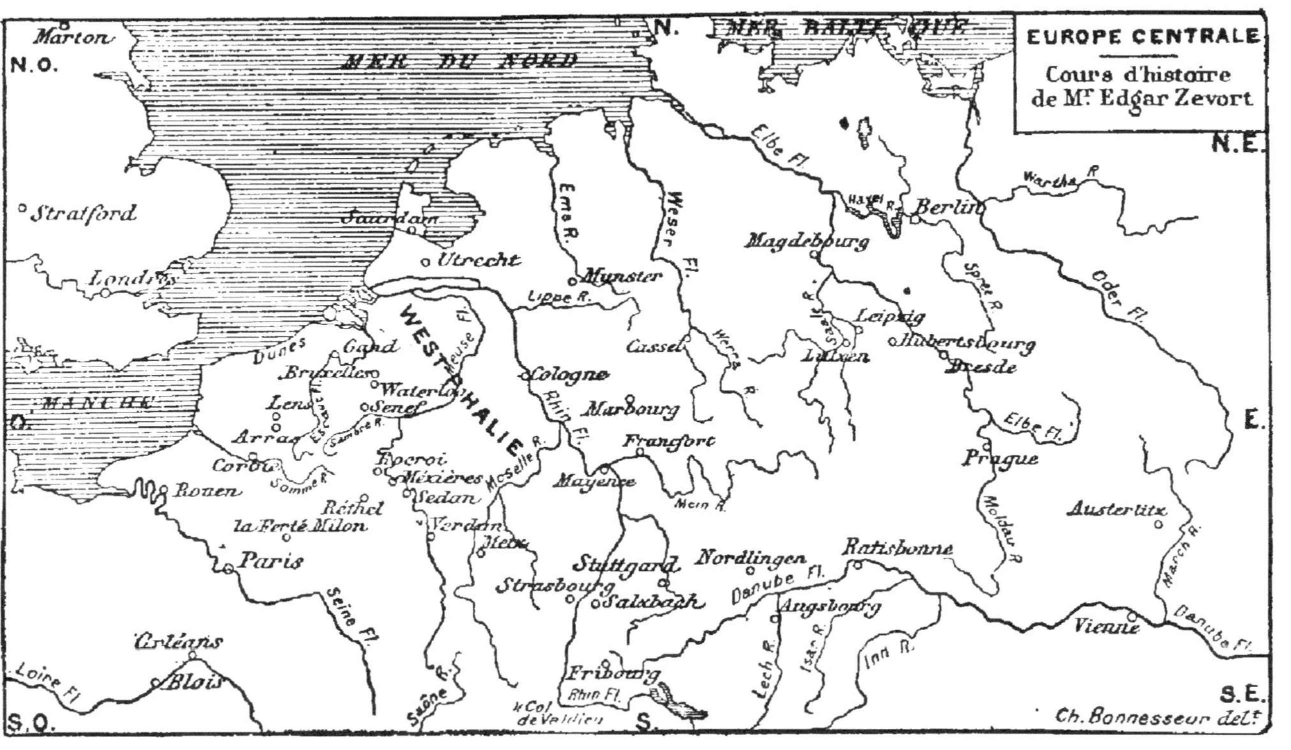

EUROPE CENTRALE
Cours d'histoire
de Mr Edgar Zevort
Ch. Bonnesseur delt.
N.
N.O.
N.E.
E.
S.E.
S.
S.O.
O.
MER BALTIQUE
MER DU NORD
MANCHE
Marton
Stratford
Londres
Saardam
Utrecht
Munster
Ems R.
Lippe R.
Weser Fl.
Weser
Cassel
Werra R.
Elbe Fl.
Havel R.
Berlin
Magdebourg
Saale R.
Leipzig
Lutzen
Hubertsbourg
Dresde
Spree R.
Oder Fl.
Wartha R.
Elbe Fl.
Prague
Moldau R.
Austerlitz
March R.
Danube Fl.
Vienne
Dunes
Gand
Bruxelles
Waterloo
Lens
Senef
Arras
Sambre R.
Escaut R.
Corbie
Fleurus Fl.
Meuse Fl.
WESTPHALIE
Cologne
Rhin Fl.
Marbourg
Frangfort
Mayence
Mein R.
Hocroi
Méxières
Moselle
Sedan
Verdun
Metz
Rethel
la Ferté Milon
Paris
Rouen
Sommer R.
Seine Fl.
Orléans
Blois
Loire Fl.
Saône
Strasbourg
Stuttgard
Salzbach
Nordlingen
Danube Fl.
Ratisbonne
Angsbourg
Lech R.
Isar R.
Inn R.
Fribourg
Rhin Fl.
Col de Valdieu

confiance dans le duc de Rivoli; à l'heure du danger, reprenant avec lui, par une flatterie suprême, le tutoiement républicain, il lui dit : « Masséna, tu achèveras ce que tu as « commencé, il n'y a que toi qui puisses en « imposer à l'archiduc ». Le maréchal justifia cette opinion; jamais il ne fut plus admirable; il combattit dans tous les jardins, derrière toutes les clôtures du village d'Aspern, qui couvrait sa retraite; il le reprit quatorze fois; il s'y maintint à la fin assez longtemps pour permettre à Napoléon de faire établir des ponts de bateaux; il conserva ses positions pendant la nuit du 22 au 23 mai; mais le matin, il n'avait plus ni vivres ni munitions. Le travail des pontonniers était heureusement terminé; Masséna fit repasser ses troupes; il rentra le dernier dans l'île Lobau, où l'armée française fut concentrée, se fortifia et se prépara longuement à une action décisive. Le sang-froid de Masséna était resté imperturbable; seule, la présence de son fils, qui faisait alors ses premières armes, avait ébranlé son égalité d'âme. «Ce drôle-là, disait-il, m'a donné plus d'inquiétude que tout le corps d'armée. » Il avait sauvé l'armée, Napoléon dut abandonner momentanément la froideur qu'il lui montrait d'ordinaire, il le nomma prince d'Essling, et se promenant avec lui au milieu des troupes : « Voici mon bras droit », dit-il à ceux qui les entouraient.

Lorsque les conséquences de l'échec d'Essling furent suffisamment réparées, l'armée repassa le Danube (6 juillet 1809). Masséna fut chargé de défendre les ponts à l'aile gauche. La veille, il avait fait une chute, et il ne pouvait plus monter à cheval; il refusa pourtant d'être remplacé. Comme autrefois le maréchal de Saxe à la bataille de Fontenoy, il se fit porter dans une voiture à la tête de ses troupes. D'abord il soutint avec ses quatre divisions tout l'effort du prince Charles, dont l'artillerie fit d'affreux ravages dans ses rangs. Il perdit même pour quelques instants le village d'Essling. Mais Napoléon, lançant sur l'archiduc le maréchal Davout, les généraux Macdonald et Marmont,

s'écria : « Courez dire à Masséna qu'il attaque, que la bataille est gagnée. » Masséna
cessa dès lors de reculer; il exposa sa vie et
laissa hacher ses troupes pour assurer le gain
de la bataille. Grâce à cette résistance, l'archiduc Charles fut débordé par Davout à
Wagram et commença son mouvement de
retraite; Masséna reprit Essling, se mit
à la poursuite de l'ennemi; et pour ne
pas entraver la marche, descendit de sa
voiture; quelques secondes plus tard elle
fut détruite par un boulet; il poussa les
fuyards avec une activité que la souffrance
elle-même ne pouvait abattre, les atteignit
à Znaym; les Autrichiens renoncèrent à la
lutte et (le 14 octobre 1809) signèrent la
paix de Vienne. Dans les deux grandes ba-
tailles de cette campagne, Essling, Wagram,
Masséna avait soutenu la réputation acquise
à Zurich, à Gênes, à Rivoli.

X

FIN DE LA CARRIÈRE MILITAIRE DE MASSÉNA EN PORTUGAL

L'année 1809 fut l'une des plus brillantes de l'Empire; mais cependant, Napoléon avait tellement abusé des forces de la France et de son génie, qu'on pouvait déjà pressentir l'approche des mauvais jours. Aveuglé par sa fortune extraordinaire, l'Empereur abandonnait une à une toutes les idées de la Révolution, à l'aide desquelles il s'était élevé, et voulait rompre avec tout ce qui lui rappelait son passé républicain; c'est ainsi qu'il épousa en 1810 l'archiduchesse d'Autriche, Marie-Louise, fille de l'empereur François, le vaincu de Wagram. Cette alliance, par laquelle Bonaparte prétendait entrer dans les vieilles familles régnantes de l'Europe, ne fut qu'un piége tendu à sa vanité. L'Autrichienne, comme on appela la nouvelle impératrice, était considérée, non sans raison, par les Autrichiens, comme une victime sacrifiée au tyran de l'Europe pour endormir sa défiance, jusqu'au jour où la revanche serait prête. En France, l'opinion publique, sans trop savoir pourquoi, s'était attachée à la première femme de Napoléon, qu'il avait dû répudier pour épouser Marie-Louise. L'impératrice Joséphine était une femme frivole et nulle, mais qui avait une grande réputation de bonté. Beaucoup des généraux lui savaient gré surtout d'être Française et d'avoir épousé Bonaparte lorsqu'il n'était, comme eux, qu'un soldat de fortune.

Masséna fut un de ceux qui désapprouvèrent le mariage autrichien. Après le divorce, Joséphine s'était retirée à la Malmaison, château situé près de Rueil (Seine-et-Oise); le prince d'Essling fut l'un de ses visiteurs assidus, et se trouva une fois de plus en désaccord avec Napoléon. Une circonstance plus grave encore devait faire éclater davantage leurs dissentiments. Dès 1808, les Français avaient conquis rapidement le Portugal, mais en avaient été chassés par le général anglais Wellington qui, après avoir élevé au nord de la capitale de ce pays, Lisbonne, les fortifications inexpugnables de Torres-Vedras, faisait de rapides et dangereuses incursions en Espagne; Napoléon résolut d'en finir avec Wellington. Dans l'été de 1810, il donna à Masséna le commandement supérieur de l'armée de Portugal. C'était une guerre de surprises dans les montagnes, de marches et de contre-marches à la poursuite d'un ennemi insaisissable dans ce pays sauvage. Ce qui rendait la situation plus difficile, c'est que tous les généraux qui commandaient au delà des Pyrénées, prétendaient être indépendants; l'un d'eux, Soult, qui occupait le sud de l'Espagne, refusa de coopérer à l'expédition de Portugal, pour ne pas paraître soumis à Masséna. L'un même des chefs de corps du prince d'Essling, le maréchal Ney, lui désobéit à plusieurs reprises, et se permit de ne pas exécuter ses instructions; enfin, les administrateurs et les fournisseurs, se sentant loin de Napoléon, ne firent pas leur devoir.

Au mois de juillet 1810, l'armée française forte de 60 000 hommes, pénétra dans le Portugal; après une série d'habiles manœuvres, Masséna prit les forteresses de Castel-Branco et d'Almeida, et rencontra Wellington à Busaco (29 septembre 1810). Le général anglais, doué d'une opiniâtreté qui lui servait de génie, ne se laissa pas déloger; mais le maréchal, par une marche de montagnes qu'il était seul capable de faire faire aux troupes, tourna la position et força les Anglais à se retirer dans les lignes de Torres-Vedras. Dans sa retraite, Wellington fit le vide sur les pas de l'armée française qui, déjà mal approvisionnée, eut grand'peine à vivre dans un pays dévasté et désert. Masséna dut renoncer à forcer les fortifications anglaises et se contenter de les bloquer pendant cinq mois. Son armée, isolée du reste de l'Espagne, à cause du refus de Ney d'assurer les communications, était forcée de se suffire à elle-même. Le maréchal Bessières, qui commandait au nord du Portugal, lui refusa des vivres. Obligés de vivre de pillage, les soldats perdirent le respect de la discipline dont les chefs ne donnaient plus l'exemple; la désertion se mit dans les rangs et, sans combat, l'armée de Portugal fut bientôt réduite de moitié.

Masséna avait vainement lutté contre cette décomposition matérielle et morale. Son activité ordinaire avait été paralysée par tous les mauvais vouloirs qui l'entouraient; il sentait amèrement qu'on attribuait à une défaillance de sa part l'insuccès de l'expédition. Il fallut se résigner à la retraite (mars 1811); il reprit la route de l'Espagne; suivi de près par Wellington, il tint tête aux Anglais avec une admirable énergie. Ney, caractère difficile et indiscipliné, y fit preuve de ses deux grandes qualités : le sang-froid et l'intrépidité. A l'extrémité du Portugal, le prince d'Essling essaya de se maintenir encore; il livra sur la frontière, à Fuentes de

Onor, une dernière bataille qui resta indécise. La garde impériale elle-même y avait donné mollement. L'armée témoignait ainsi qu'elle se refusait à renouveler la terrible campagne qu'elle venait de faire. Ney, de sa propre autorité, était rentré en Espagne et se trouvait déjà à Salamanque; l'armée n'avait plus ni cavalerie, ni artillerie; Masséna, le cœur ulcéré, quitta donc enfin le Portugal et demanda aussitôt à rentrer en France. Napoléon était tout prêt à faire retomber sur lui la responsabilité des événements; il feignit d'attribuer la perte du Portugal à la mauvaise santé et à la décadence de Masséna. Il l'accueillit par ces mots : « Eh bien ! « prince d'Essling, vous n'êtes donc plus « Masséna ? » Toute la justification du maréchal tint dans cette phrase énergique : « Partout, dit-il à l'Empereur, règnent la « jalousie, l'envie, les mauvaises passions; « ici, la rapacité trafique des prisonniers; là, « le nom français est rendu exécrable par « des rapines et une honteuse cruauté; nulle « part le respect pour soi-même, et le dé-

« vouement à la patrie. » Napoléon dut reconnaître la vérité des paroles de Masséna. Comprirent-ils, l'un, qu'il était l'auteur de cette corruption; l'autre, combien il en était lui-même atteint?

La carrière militaire de Masséna s'arrête en 1810. Un moment, il fut envoyé comme général en chef des armées d'Espagne, alors que la situation y était presque désespérée. Mais il tomba malade à Bayonne et, sa santé atteinte depuis si longtemps, ne se rétablit plus. Ce fut le coup le plus rude pour cet homme, pour qui l'action était le besoin le plus impérieux, et désormais sa vie se traîna attristée et languissante.

XI

DERNIÈRES ANNÉES DE MASSÉNA

(1810-1817)

Il reçut, le 16 avril 1813, le commandement de la huitième division militaire, dont le quartier général était à Marseille. Il vit passer, sans y prendre part, les dernières campagnes de l'Empire. Il fut même spectateur inutile de la campagne de France, pendant laquelle Napoléon essaya vainement de rejeter l'invasion au delà de nos frontières. Après l'abdication de l'Empereur, il reconnut le gouvernement de la Restauration, et le roi Louis XVIII (1814) lui accorda des *lettres de grande naturalisation,* formalité nécessaire pour lui conserver le titre de citoyen français après le retour de Nice à l'Italie. Avant

qu'il eût pu recevoir une nouvelle confirma-
tion de son titre de maréchal de France,
Napoléon débarqua en Provence, et la rapidité de sa marche rendit inutiles les mesures
que Masséna avait prises pour l'arrêter.

Le maréchal fit alors arborer le drapeau tricolore, et se rendit à Paris; trois mois après,
l'Empereur était battu à Waterloo (18 juin
1814) et devenu prisonnier des Anglais, était
relégué dans l'île africaine de Sainte-Hélène,
où il mourut six ans plus tard.

Pendant les troubles qui suivirent sa
chute, Masséna fut général en chef de la
garde nationale et gouverneur de Paris. Con-
sidérant toute tentative de défense comme
inutile, il reconnut une seconde fois le gouvernement des Bourbons. Les soldats se
regardaient alors comme indépendants de la
forme du gouvernement et les serviteurs-nés
de tout pouvoir de fait : c'est là ce que leur
avait enseigné Napoléon lui-même, avec son
coup d'État de Brumaire.

La deuxième Restauration n'en trouva pas
moins l'attitude de Masséna équivoque; il

fut rayé de la liste des sénateurs et, à l'âge
de cinquante-sept ans, il rentra dans la vie
privée. Il cherchait à s'y faire oublier, ras-
semblant les notes nécessaires pour justifier
les points obscurs et délicats de sa vie. Mais
sa santé, déjà si ébranlée, se ressentait de la
situation politique qui suivit le second retour de Louis XVIII. Pendant cette période,
que l'histoire a flétrie du nom de *Terreur
blanche*, l'un de ses plus chers amis, et l'une
des figures les plus pures de la Révolution,
le maréchal Brune, fut massacré à Avignon
par la population royaliste. Beaucoup d'autres
généraux, qui avaient servi sous ses ordres,
furent persécutés. Masséna avait au plus haut
degré le sentiment de la camaraderie militaire,
et cette réaction l'affligea profondément.
L'arrestation du maréchal Ney (août 1815)
le força de jouer un rôle dans ces scènes
odieuses. Il fut nommé membre du conseil
de guerre, chargé de juger le maréchal accusé
d'avoir passé à l'ennemi, en abandonnant
Louis XVIII pour Napoléon. Masséna voulut se récuser, alléguant les causes de dissen-

timent qui existaient entre lui et Ney depuis la campagne de Portugal. Sommé de faire son devoir, il appuya la résolution du conseil de guerre, qui se déclara incompétent, c'est-à-dire ne se reconnut pas le droit de juger le maréchal Ney. Ce fut un malheur pour l'accusé, qui fut envoyé devant la Cour des pairs (Sénat) et condamné à mort.

Si courte qu'eût été la réapparition de Masséna, elle suffit pour le désigner à la haine des royalistes; une pétition des énergumènes ultra-légitimistes des Bouches-du-Rhône vint demander le sang du vainqueur de Zurich. On y lisait cette phrase abominable : « Masséna peut, à juste titre, être « considéré comme coupable de toutes les « trahisons que la sienne a précédées et né- « cessairement déterminées, et *tout son sang* « *répandu, sa mémoire flétrie* n'expieront jamais « que bien imparfaitement un si vaste et si « exécrable forfait. »

Masséna était alors malade et violemment humilié par les défaites de la France; et quoique cette dénonciation n'ait pas eu de suites, il ressentit profondément la calomnie qui s'attaquait à sa glorieuse carrière de soldat. Il répondit par un mémoire, où il prouva qu'il n'avait pas été le complice de Bonaparte en 1815, et qu'il l'avait reconnu seulement, pour ne pas diviser les forces de la France en face de l'étranger. Ce fut la dernière préoccupation de sa vie. Sa maladie, aggravée par le chagrin, fit de rapides progrès. On lui conseillait d'aller chercher en Italie un climat plus doux. Il refusa. « J'ai « bien acquis le droit, dit-il, de mourir dans « notre chère France; et, quoi qu'il arrive, j'y « mourrai; n'ai-je pas assez gagné les inva- « lides? » Quelques jours plus tard, le 4 avril 1817, son vœu était accompli.

Ce fut un deuil public. L'immense majorité de la nation, placée en dehors des haines aveugles de la réaction, se rappelait avec admiration le héros de Lodi, de Rivoli, de Zurich, de Gênes, d'Essling, de Wagram. Louis XVIII comprit que le temps des rigueurs politiques était passé; on craignait d'ailleurs un mouvement populaire et, la

veille des funérailles, il envoya sur le cercueil de Masséna le bâton de maréchal qu'on
avait évité de lui rendre jusqu'alors. Autour

Enterrement de Masséna.

du cercueil de Masséna toutes les gloires sur-
vivantes de l'Empire et de la Révolution se
comptèrent; ses vieux compagnons d'armes,
Mortier, Jourdan, Moncey, Davout, le condui-

sirent à sa dernière demeure; les vieux soldats qui avaient été licenciés pour laisser la
place libre à l'invasion, vinrent pleurer sur sa
tombe, et, selon une expression du temps,
« il y avait dans la foule assez d'hommes
« privés d'un bras ou d'une jambe, pour
« faire peur à ceux qui en avaient deux. »

Masséna fut l'un des plus grands soldats
de la Révolution. Tout, dans son attitude et
sa démarche, la contraction de ses traits
énergiques, la rudesse de cette figure, sur-
montée d'une chevelure inculte, disait
l'homme de guerre, passionné de discipline,
insensible aux souffrances physiques, incapable de découragement, respirant le combat
et l'action, l'homme-caillou, selon l'expression de Michelet.

Napoléon craignait extrêmement la gloire
de ce grand général; il nous l'a dépeint
comme peu ouvert d'esprit et manquant de
conversation. « Sa pensée *confuse,* a-t-il dit de
lui, s'éclaircissait tout à coup sous le feu. »
Il est possible que Masséna, homme d'action
avant tout, n'ait pas été un habile discoureur;

mais jamais intelligence militaire ne fut plus prompte, plus lucide, plus pleine de sang-froid. La campagne de Zurich fut un chef-d'œuvre de patience, longuement médité, et sa ténacité se révéla à Gênes et jusqu'en Portugal. La gloire de Masséna, homme de guerre, reste donc intacte; malheureusement il eut les vices des soldats parvenus de son époque, et son caractère moral n'est pas à la hauteur de sa réputation militaire.

Mais souvenons-nous surtout qu'il fut l'adversaire heureux et convaincu des ennemis de la Patrie; qu'au plus beau jour de sa carrière il l'a sauvée de l'invasion et que, pour rappeler cette belle époque d'enthousiasme et de patriotisme où la France tint tête à l'Europe coalisée, il suffit de prononcer le seul mot inscrit sur sa tombe : MASSÉNA.

TABLE DES MATIÈRES

Saint-Denis. — Imp. Alcide Picard et Kaan. — U. P.